Bibliographische Information der Deutschen Nationalbibliothek
Die Deutschen Nationalbibliothek verzeichnet diese Publikation in der Deutschen Nationalbibliografie; detaillierte bibliografische Daten sind im Internet über http://dnb.d-nb.de abrufbar.

AF222811

1. Auflage 2008

Herstellung und Verlag:

Books on Demand GmbH, Norderstedt

©Norbert Spriewald 2007

ISBN 978-3-8370-1922-3

Norbert Spriewald

Das „SCHarm"-Modell

- Sozial (C)Kosten Harmonisierung -

statt
ausgequetschte Arbeitnehmer- und ArbeitgeberInnen

oder

gesicherte Renten und Krankenversorgung bei einer
gerechten Verteilung der Soziallasten

Mit Illustrationen von   Jörg Spriewald

Für die Korrekturlesungen, Anregungen und Beseitigung von orthographischen Fehlern meinen herzlichen Dank an meine Freunde ohne die dieses Buch nicht so erschienen wäre, insbesondere Schulamtsdirektor i. R. Rudolf Otto, Arbeitsamtsdirektor i.R. Rolf Deiters, Marc Schneider und besonders auch an meine Sekretärin Angelika Kayser.

Vorbemerkungen zum Buch

Die zentralen Themen dieser Buchreihe: Eine Gesellschaft,

- die nur dem Produktionsfaktor Arbeit alle Soziallasten der Gesellschaft auferlegt,
- deren Bildungssystem mit 10 Jahren Vorlaufzeit in Bezug auf Qualität und Quantität am Bedarf vorbei „produziert",
- die eine kostengünstige und zeitnahe Rechtsprechung verweigert,
- die Manager ohne jegliches persönliches finanzielles Risiko zu Lasten der Gesellschaft und auch der Kapitaleigner agieren lässt
- und jede unternehmerische Kreativität /Aktivität im Ansatz erstickt, durch ein Labyrinth aus gleichzeitig zu beachtenden und widersprüchlichen Steuer- und / oder Sozialversicherungs- und /oder Arbeits- und / oder Verwaltungs- und /oder Bau-Recht,

wird nicht zukunftsfähig sein, weil unter dem Mandarin-Syndrom leidend und „untergegangener" Gesellschaftsformen nachfolgen.

In meinem Buch als Gesamtausgabe:

„Das Mandarin(en) Syndrom"

beschreibe ich die Versäumnisse und Missstände und entwickle in verschiedenen miteinander verbundenen Bereichen der Volkswirtschaft Lösungsvorschläge auf der Basis unseres Grundgesetzes, die letztlich die Gesellschaft durch eine verstärkte Chancen-, Bildungs-, Risiko-, Unternehmens- und Steuergerechtigkeit zukunftsfähig machen können.

Seit Jahren nahm ich zur Kenntnis, dass „juristische Personen", hier Aktiengesellschaften, Vereine und Genossenschaften Geschäfte eingehen und Risiken tragen, die nichts mit der Gründungsidee zu tun hatten und horten die Beiträge / Gewinne, statt sie an die Anspruchsberechtigten / Kapitaleigner auszuzahlen.

Aktienkurse, Spekulationen, und Firmenan- und -verkäufe suggerieren ein prosperierende Wirtschaft, jedoch es ist in erster Linie eine „Riesen – Monopoli - Spiel", bei dem nichts produziert, sondern nur umverteilt wird.

Es ist ein „0-Summen-Spiel", bei dem der verliert, der den zu „kurzen Atem hat (Wer wohl ?). Gelegentlich verspekuliert sich auch der „Große", denn während ich dieses Buch schrieb, wurde nachstehendes vom Markt bestätigt Die „Großen machten Milliarden Verluste oder Gewinne, die unserer Volkswirtschaft für die Binnennachfrage und Ausbildung nun fehlen (Das Geld ist nicht weg, es ist nur woanders).

Diese Erkenntnis im Zusammenhang mit den seit 20 Jahren ansteigenden und ausufernden Managergehältern in Verbindung mit volkswirtschaftlich nicht vertretbarem Kapitalexport und fehlender **konstrukti-ven** Gesellschaftskritik, waren Anlass diese Buchreihe zu schreiben.

Ein Buch, das nicht harmonisierend wirkt, sondern vielen Personen und Funktionsträgern – letztlich vor allen Dingen dem Leser selbst, wegen seiner Lethargie, Erduldung, Anpassung oder Konformität „auf die Füße tritt", damit er wach wird.

Nähere Kurzinformationen unter:

www.mandarin-syndrom.de

Es werden Missstände nicht nur beschrieben, sondern konkrete Vorschlä-ge zur Beseitigung der Missstände oder besser die Grundlagen für die Diskussion und Umsetzung von Veränderungen werden geliefert.

Fragen über Fragen.

Dieses Buch wird versuchen Antworten zu geben, die einen Lö-sungsansatz ermöglichen, jedoch zumindest einen **politischen Denkanstoss** zur Lösung der gesellschaftlichen Probleme geben sollen.

Eine Namensgebung dafür hat nur einen semantischen Charakter. Auf die tatsächlich realisierten Inhalte / Wirkungen kommt es an..

Nur schwerpunktartig erfolgt an dieser Stelle eine Auflistung der exem-plarischen Fragen, die in der Ursachenbeschreibung das „Mandarin-Syndrom" verdeutlichen und die zur Überwindung des Mandarin Syn-droms gesellschaftliche (politische) Veränderungen notwendig machen.

a) Finanzierung des Sozial-Versicherungs-Systems

Frage: Warum wird nur die „Arbeit" mit der sozialen Sicherung der Gesellschaft belastet?

Frage: Warum wird –obwohl die Sozial-Versicherungsbeiträge für gesamtgesellschaftliche Aufgaben zweckentfremdet werden (=Sozial -Steuern) – willkürlich eine sog. Beitragsbemes-sungsgrenze gesetzt?

b) Ausbildung (Schul- und Studiensystem)

Frage: Warum ist heute ein/e familiengründungsfähige/r und wahlbe-rechtigte/r 18-20 jährige/r Mann bzw. Frau nicht in der Lage sich selbst, geschweige denn seine/ihre „neue" Familie zu ernähren?

c) Gerichtsabläufe (Prozessdauer) und Kostenverteilung

Frage: Warum wird jedes „Sich –Wehren" zu einem wirtschaftli-chen Harakiri?

Frage: Warum muss –neben den Bürgerpflichten –ein Unternehmer zusätzlich bei Streitigkeiten zwischen Bürger und der Exe-kutive immer unentgeltlich für Verwaltungsauflagen bezah-

len, auch wenn diese Auflagen / Anordnungen / Zahlbescheide zu Recht oder Unrecht ergangen sind?

d) Kapital -/ Überschuss-Zweckentfremdung.

Frage: Wodurch soll es gerechtfertigt sein, das erzielte Gewinne an
den tatsächlichen Kapitalbesitzern vorbei in Risikogeschäfte
oder sogar in Konkurrenzunternehmen fließen?

Frage: Verdienen die Vorstände nicht genug, um mit „eigenem
Geld" neue, risikobehaftete Geschäftsideen zu verfolgen?

e) Steuerrecht

Frage: Ist eine neue „Moral" gefragt oder genügt der Hinweis, dass
Fehlbeträge des Staates doch nur bei den „Kleinen" wieder einkassiert werden, die zwar 30 € illegal dem Staat vorenthalten
haben und nun dafür   100 € höhere steuern Zahlen müssen?
Jeder weiß / macht / billigt es, das „Kavaliersdelikt: Steuerhinterziehung", das letztendlich nur den „Grossen" etwas bringt.

Kritische Fragen benötigen nicht nur eine Problemanalyse, sondern auch Antworten oder zumindest realisierbare Lösungswege um Antworten zu finden.

Sie, liebe(r) Leser(in), sind ein „Ökonom (in) oder ein vollständig
informierte(r) Bürger (in) und haben sich für **diesen** kostengünstigen **Sonderdruck** entschieden.

Gleichwohl umreißt der Autor auch die anderen Themenfelder und
stellt zum besseren Verständnis

im I. Teil   „VOWIG" und

im II. Teil   auch „Das Mandarin(en) Syndrom"**auszugsweise** vor.

Im III. Teil werden die unter a) gestellte, meiner Meinung nach
vordringlichsten Fragen unserer Gesellschaft aufgearbeitet und ein „charmantes" Modell einer Lösung und

im IV. Teil wird die Zukunftsfähigkeit dieser Gesellschaft , die Folgen
einer zwingend notwendigen Richtungsänderung und ein
Zeitplan für diese notwendigen Änderungen vorgestellt.

Tauchen zu viele neue Begriffe auf oder werden die Ursachen und
Zusammenhänge unklar oder missverständlich, empfehle ich Ihnen
zumindest den Sonderdruck (ebenfalls kostengünstig), **"VOWIG"**,
    „Volkswirtschaft als Instrument der Gesellschaftskritik",
vorher zu lesen.

In allgemein verständlicher Form hat der Autor bereits komplizierte
Einzelaspekte der Volkswirtschaft erklärt und Zusammenhänge
hergestellt, damit die getätigten Vorschläge nachvollziehbar werden.

Inhaltsverzeichnis

I. Teil – Begriffsklärung (Auszug aus VOWIG)

Wie wirken die verschiedenen Einzelheiten der volkswirtschaftlichen, soziologischen und politischen Gegebenheiten zusammen?

> *Um Missverständnissen vorzubeugen, ist eindeutig zwischen der Wirtschaft, der Wirtschaftsordnung und der Gesellschaftsordnung zu unterscheiden .*

Die Wirtschaftsordnung wird durch das Gesellschaftssystem, d.h. durch die Politik und Gesellschaftsordnung überlagert.

Erst durch diese Überlagerung von Politik und Gesellschaftsordnung erwirbt sich das „natürliche" Wirtschaftsprinzip - die „Marktwirtschaft" - jetzt den Zusatz „sozial" oder „frei" oder sie ist „faschistisch" oder "kapitalistisch" oder kehrt sich durch zu starke Einflussnahme in das Gegenteil, in eine „Planwirtschaft" um (jedoch: Ernteausfälle, Umweltkatastrophen sind nicht planbar).

Gleichwohl sind die wirtschaftlichen Grundprinzipien immer die gleichen, d.h. das später beschriebene Wirtschaftssystem mit allen Faktoren ist „natürlicher", funktioneller Art und stellt lediglich nach vielen Fehlentwicklungen eine Analyse aus der realen Welt dar, z.B. Feudalismus, Kolonialismus, Manchester Kapitalismus, Kommunismus, Faschismus und nicht zuletzt der Neoliberalismus.

Bevor notwendige Kritik geäußert wird, Systemveränderungen oder Reformen – hin zu irgendetwas – gefordert werden, sollte ein annähernd ähnliches Begriffsverständnis erzeugt werden.

Die semantische Bedeutung der Sprache wurde (bewusst) verfälscht, denn „Peacemaker" ist kein Friedensmacher, sondern ein Revolver.

Reform bedeutet nicht Rückgriff auf „Altes", sondern Veränderung zu etwas „Neuem", daher:

"Meinen wir das Gleiche, verstehen wir uns ?"

> *Alleine die zuvor genannten, „wertbeladenen" Begriffe bedürfen einer eindeutigen Klärung, bevor Missverständnisse entstehen.*

Am nachstehenden Begriff wird verdeutlicht, wie weit sich die Wahrnehmung des Wortes von der ursprünglichen Sinngebung entfernt hat.

Was ist ein Kapitalist ?

Kurz und knapp, denn bisherige Erklärungen sind ideologisch verfremdet.

> *Ohne Konsumverzicht ist eine Kapitalbildung aus dem Zu-*
> *sammenwirken von Arbeit und Bodenerträgen undenkbar.*

Schon in der „Steinzeit" war es so:

> Einen Ast kann ich verbrennen und konsumiere so die „Wärme".
>
> Oder ich friere (Konsumverzicht) und baue aus dem Ast ein Werkzeug (Speer), um anschließend schneller und besser zu jagen.
>
> Verleihe ich dieses Werkzeug kostenlos (wieso eigentlich?), bin ich ein sozialer Mensch.
>
> Verleihe ich es gegen Entgelt (Ertragsbeteiligung), ist **der „Kapitalist" geboren.**
>
> Wie ein Bauer, der das Saatgut **nicht gegessen** hat, will dieser nun lediglich die Früchte seines Konsumverzichtes **ernten.**

Noch ein Kapitalist:

> Ein Frisör übt Konsumverzicht, spart, kauft sich vom Ersparten eine Schere und mietet sich vom Ersparten ein Ladenlokal.
>
> So stellt die Schere das **Kapital** des Frisörs dar,
> der in gemieteten Räumen (**Boden**) nun Kunden
> die Haare fantasievoll und sachgerecht schneidet (**Arbeit**).

Nicht der Besitz von Kapital oder Luxusgütern erzeugt einen „unsozialen Kapitalisten", sondern erst dessen wirtschaftliches Handeln, wenn dieses sich hauptsächlich am Kapitalbesitz und –einsatz ausrichtet.

Sachlogisch kann ein Kapitalbesitzer auch ein Sozialist sein, wenn sein wirtschaftliches Handeln sich am Menschen, seinen Mitarbeitern und Mitbürgern orientiert.

Gesellschaften die sich demokratisch für eine Gleichrangigkeit Arbeit und Kapital (und Boden) entscheiden, sind auch in einer Marktwirtschaft dem auf dem Weg zu einem demokratischen Sozialismus.

Dieser bedeutet nicht die zwangsweise Verstaatlichung von Kapital, was nicht bedeuten soll, dass der nicht vermehrbare Bodenbesitz und -schätze, das Transportwesen (Güter, Nachrichten, Menschen), Gesundheit und Kapitalverteilung (Banken, Versicherungen) zwingend auch im Besitz (im Sinne von Verfügungsgewalt) von Privaten bleiben müssen, es genügt wenn diese Bereiche nach marktwirtschaftlichen Gesetzen handeln.

Dementsprechend sollte (muss) bei der Verwendung und Interpretation (Nachvollziehen) bestimmter Begriffe auch das „Gleiche" darunter verstanden werden, sonst wird eine Diskussion sinnlos.

Noch deutlicher:

Beispielsweise ist die Farbe „rot" nicht gleich „rot", wenn der eine dabei an das Blut und der andere an das Abendrot und der Dritte an das Rot der Verkehrsampel denkt.

„Rot" ist dann in der Psyche entweder „negativ" oder „positiv" verankert und erzeugt beim Leser eine sehr selektive Wahrnehmung dessen, was geschrieben steht, mit einer Interpretation, die der Autor nie hatte und die wenig hilfreich für das Verständnis des Nachstehenden sein wird.

Ursache dafür sind Defizite volkswirtschaftlicher Zusammenhänge oder besser:

> *Wir haben den Mangel, die*
> *„Volkswirtschaft als System" zu betrachten.*

Jeder sollte wie „Gott in Frankreich" leben können, wenn er dafür auch Leistung für die Gesellschaft gebracht hat.

Dieses bitte in einem angemessenen Verhältnis zu denen, die auch 8 Stunden pro Tag gearbeitet haben (ob 10 oder 50-fach, mag fragwürdig sein, nicht jedoch 100 bis -1.000-fach).

> *Was jemand ist, ist er nur „durch" und „in"*
> *dieser Gesellschaft.*

Der Industriemanager / Kfz-Entwicklungsingenieur ist dieses nur durch die Industriegesellschaft und kann seinen Verdienst nur in dieser Industriegesellschaft realisieren, weder am Nordpol noch in Uganda.

Noch deutlicher: Der „deutsche Steuerberater" ist nur wegen der „deutschen Steuerkomplexität" notwendig und nur in Deutschland kann er seine Geschäfte realisieren, weder in den USA noch in Japan, nur hier.

Es zeigt, wo die Kritik all derer ansetzen muss, die das Prinzip der „Sozialen Marktwirtschaft" auf der Basis unseres Grundgesetzes reformieren und die eine soziale Gerechtigkeit, sowie eine Chancen-, Bildungs-, Risiko-, Unternehmens- und Steuergerechtigkeit herstellen wollen, egal ob mit liberaler, grüner, sozialer oder konservativer Grundhaltung.

Fehlender „Gestaltungswille" der Politik verbunden mit der Unfähigkeit des „Staatsapparates" und seiner „halbstaatlichen Organisationen", die Volkswirtschaft als ein „offenes System" zu erkennen und anzuerkennen, sich dementsprechend an eine schnell verändernde Gesellschaft (heute von der Industrie- zur Informationsgesellschaft) anzupassen, verhindert den Ausgleich der zutage tretenden gesellschaftlichen Asymmetrien von Gerechtigkeit.

In einer hochtechnisierten Welt ist eine „gewollte" oder ungewollte, jedoch durch Gesetze und Verwaltungen erzeugte Diskriminierung und „Gängelung", irgendeiner „Minderheit" schlicht nicht mehr möglich.

Der nordirische „Bürgerkrieg" ist ein Relikt aus dem letzten Jahrhundert, der „Balkan Krieg" war ein Versehen, die Lösung des „Südtirol – Separatismus" ein gelungenes Beispiel der Konfliktlösung.

Brennende Autos in Frankreich Ende 2005 sind ein Beispiel von Versäumnissen.

Gesprengte Strommasten in Südtirol, von Autobahnbrücken geworfene Steine, blockierte Eisenbahnweichen oder eine schlichte 8mm Stahlschraube in einer „Autoreifen-Gummischleuder" oder eine friedliche „Autobahnkreuzblockade" durch „500 Kleeblatt-Fahrer" auf dem „hinausgezögerten" Weg zu einer „angemeldeten Demo", zeigten die *Verwundbarkeit* einer modernen Industriegesellschaft.

> *Ein Interessenausgleich mit jeder gesellschaftlichen*
> *Gruppierung, bezogen auf „Minimal – Standard 's,*
> *ist zwingend.*

Jeder Terrorismus – individuell oder staatlich - ist unmenschlich und absurd.

Bereits „halbindustrielle Länder" wie Israel zeigen die Grenzen einer unsinnigen Systemerhaltung; entwder sich selbst einmauern - wobei keiner weiß, „Wo ist drinnen, wo ist draußen?", „Wer sitzt denn nun im Gefängnis?" - oder weiterhin „Selbstmordattentate".

Konflikte derart lösen zu wollen sind im Grunde eine Beleidigung der menschlichen Intelligenz und hoffentlich der erreichte Gipfelpunkt der Mittelmäßigkeit.

> *Der notwendige, vorzunehmende bzw. zu initiierende*
> *Interessenausgleich findet nicht statt und es wird*
> *die Zukunftsfähigkeit der Gesellschaft,*
> *die Zukunft unser Kinder und Enkelkinder verspielt.*

Es ist „Platz" zu machen für neue Ideen und neue Produkte, die bei einer wirklich funktionierenden Marktwirtschaft ohne „Verwaltungshemmnisse" und ohne „Überlastung des Produktionsfaktors Arbeit", für die arbeitslos gewordenen Arbeitnehmer „neue", bessere und besser bezahlte Arbeitsplätze schafft.

Evolution statt Revolution ist angezeigt.

II. Teil Auszug aus: Das Mandarin(en) - Syndrom

Früher: Das System der Mandarin im alten China (bis 1900), eine kaiserlich untertane Beamtenschaft, verhinderte seit dem Bau der chinesischen Mauer durch deren eigene Unbeweglichkeit und Machtgier jegliche Erneuerung und Evolution des Systems.
Dadurch resultiert der Untergang des chinesischen Reiches.

Heute: Die meisten abendländischen Gesellschaften (Industrienationen) zeigen die gleichen Symptome, ein System der Unbeweglichkeit (=Untergang?) Oder finden wir den 2. Weg ?

Seit der Ermordung von J. F. Kennedy und M.L. King, der Kuba - Krise, dem Vietnam Krieg, dem Golf Krieg und dem Chile Putsch, mit der Ermordung Allendes und seit dem hochaktuellen „unbeendeten" Irak-Krieg tauchen immer wieder „Verschwörungstheorien" unbekannter Mächte oder Geheimdienste auf, als ob es eine „globale Mafia" gäbe.

Präsident D.D. Eisenhower sagte im Januar 1961 in seiner Abschiedsrede an die Nation (Zitat):

„Heute können wir nicht mehr bei der Verteidigung unseres Landes improvisieren.

Wir waren gezwungen, eine große Rüstungsindustrie aufzubauen. 3,5 Millionen Männer und Frauen sind im Verteidigungswesen beschäftigt. Wir geben für die militärische Sicherheit jährlich mehr aus als alle amerikanischen Firmen netto einnehmen.

Diese Verbindung eines riesigen Militärapparates mit einer großen Rüstungsindustrie ist für Amerika eine neue Erfahrung. Der Einfluss in wirtschaftlicher, politischer und geistiger Ansicht macht sich in jedem Amt der Bundesregierung bemerkbar. Wir müssen vor unerwünschtem Einfluss auf der Hut sein.

Wir dürfen niemals zulassen, dass das Gewicht dieser Verbindung unsere demokratischen Einrichtungen gefährdet."

Bezogen auf Deutschland:
Wenn nach den kriegsbedingten Konzentrationen von Macht durch die Verbindung von Militär und Rüstungsindustrie der amerikanische Präsident von einer „Gefährdung der demokratischen Institutionen" ausgeht (s. v. g. Ereignisse), dann gilt dieses für Deutschland im besonderen Maße.

1945 hatten wir nur die Machtkonzentration von Groß- und Rüstungsindustrien mit einer undemokratischen Verwaltung und dem unbändigen Willen, Deutschland nach dem Krieg wieder aufzubauen, wirtschaftlich wieder „Weltklasse" zu werden, auch wenn der Schweiß der „Trümmerfrauen" und die „Niedriglöhne" der „Wiederaufbauenden" bis 1970 nur das „Vermögen" und somit auch die Macht der „übriggebliebenen Besitzenden" mehrten.

Zwar wurden „ Wirtschaftsriesen" wie die „IG-Farben" von den Amerikanern zerschlagen, Politiker mit demokratischer Grundüberzeugung mit Hilfe der Alliierten in „Machtpositionen" der Verwaltung hineingebracht.

Jedoch alle seit „Bismarck" entstandenen Organisationen mit zutiefst undemokratischen Strukturen, wurden unbehelligt gelassen und nach Abschluss des „Wiederaufbaues" – der Nachkriegszeit - durch sog. „Privatisierungen" gestärkt.

Sie wurden zu einem „sich selbst aufblähenden Polypen" mit einem „Selbstbedienungsladen" bei einer „Ausblendung" der gesellschaftlichen Verantwortung" und ohne eigenes finanzielles Risiko.

Das „Mandarin(en)-Syndrom" in Deutschland wird durch das extreme „Selbstbeharrungsvermögen" des Staatsapparates deutlich – immer wieder „Beamtenmikado":

„Wer sich bewegt, hat schon verloren", dies zeigt sich im Einzelnen in:

- der Exekutive (von Beamten in Ministerien und untergeordneten Behörden und Aufsichtsbehörden (Landschaftsverbände, Bezirksregierungen, Städtetag u.s.w.) bis herunter zu Schulabteilungsleitern bzw. Kassenleiter irgendeiner Behörde)

- der Legislative (karrieresüchtige Abgeordnete auf allen Parlamentsebenen wie Kommunal-, Landes- und Bundestagsabgeordnete mit Heerscharen von Zuarbeitern)

Fehlender „Gestaltungswille" der Politik verbunden mit der Unfähigkeit des „Staatsapparates" und seiner „halbstaatlichen Organisationen", die Volkswirtschaft als ein „offenes System" zu erkennen und anzuerkennen, sich dementsprechend an eine schnell verändernde Gesellschaft (heute von der Industrie- zur Informationsgesellschaft) anzupassen, verhindert den Ausgleich der zutage tretenden gesellschaftlichen Asymmetrien von Gerechtigkeit.

Der notwendige, vorzunehmende bzw. zu initiierende Interessenausgleich findet nicht statt und es wird die Zukunftsfähigkeit der Gesellschaft, die Zukunft unser Kinder und Enkelkinder verspielt.

Dieses ist übertragbar auf viele Länder in ähnlicher Entwicklungssituation, im Grunde auf alle Industrienationen, mit Ausnahme der skandinavischen Länder.

In allen Industrienationen findet seit den 80-er Jahren eine Rückentwicklung hin zu früheren –überwunden geglaubten - Wirtschaftsformen statt, bis hin zum Manchester Kapitalismus, Neoliberalismus oder zum Feudalismus / Neokolonialismus in den Entwicklungsländern.

> *Wir riskieren nur das, was anderen gehört,*
> *niemals jedoch unser eigenes Geld!*

Kapitalgesellschaften, Selbstverwaltungen und deren Organisationen, im Sinne von: „Wir setzen nur Geld ein und riskieren das, was anderen gehört, niemals unser eigenes Geld" - breiten sich aus, lassen sich fürstlich bezahlen und verzehren einen immer größeren Anteil des Volkseinkommens!

Niemand spricht darüber

- Die „Krake", „die juristische Person" als „Körperschaft des öffentlichen Rechts" (wie zuvor beschrieben) oder als Unternehmen breitet sich aus.

- Vereine (e.V.), GmbH´s, Genossenschaften, Aktiengesellschaften, Holdings etc, von denen niemand weiß, wem diese gehören (wahrscheinlich sich selbst oder untereinander verschachtelt), wessen Interessen diese vertreten und die alles Mögliche machen bzw. produzieren – nur nicht mehr das, wofür diese gegründet wurden.

- Eine **Selbstbedienung** der Vorstände zu Lasten der „ursprünglichen Kapitaleigner oder Mitglieder" und Konkurrenz „zu diesen", finanziert aus den „vorenthaltenen Gewinnen / Vergünstigungen" zu Lasten dieser Ursprungsgründer oder Mitglieder.

Die unmittelbaren Folgen werden zur Kenntnis genommen, jedoch nicht verhindert:

- Soziale Ungleichheit durch Prozesskosten zugunsten von Konzernen und Verwaltungen (Einsatz von **Privat- contra Fremd-** (= Betriebs- oder Volks-) **Vermögen**)

- **Juristische „Aufsattelung"** von Produktions- und Dienstleistungsprozessen (Betriebswirtschaftlich ist eine juristische „Abwehrabteilung" billiger als eine gute Entwicklungsabteilung)

- **Versicherungskonzerne contra Schadenanspruchsteller** z.B.: 1.000 anspruchsberechtigten Unfall-Geschädigten (s. Kfz-Versicherung) in einem beliebigen Zeitraum von beispielsweise einer Woche jeweils 500 € der berechtigten Ansprüche vorzuenthalten = 500.000 €, wobei nur 10 dieser Kürzungen tatsächlich zu Klagen mit Kosten von je 2.000 € = 20.000 € führen und somit ein Überschuss von 480.000 € entsteht.

Das kann nicht als „Einsparung von Versichertengeldern" bezeichnet werden. Es ist **Betrug!**

- **Selektiv begünstigende Rechtsprechung und Verwaltungsentscheidungen** schon auf unterster Ebene (nicht berufungsfähig oder: „Sie haben keinen Anspruch auf eine Gleichbehandlung im Unrecht")

Die Folgen hat der Bürger zu tragen:

- Ein **Bildungssystem** mit 10 Jahren Vorlaufzeit „produziert" für eine „sich schnell entwickelnde", moderne Gesellschaft in Bezug auf Qualität und Quantität am Bedarf vorbei. Stellt letztendlich nicht der Wirtschaft die qualifizierten Ausgebildeten zur Verfügung, die eine moderne, zukunftsfähige Gesellschaft benötigt und erzeugt lediglich polemische Forderungen („Kinder statt Inder", bzw. „Inder statt Kinder").

- Es wird „veränderungswilligen" Abgeordneten die Zeit gestohlen, es ist eine **Ressourcenverschwendung** „pur", wenn sich diese Abgeordneten beispielsweise innerhalb einer „Anhörung" mit 136 undemokratisch zusammengesetzten „Lobbygruppen" und 44 Gutachtern auseinandersetzen müssen und seitenlange, im „Ministerial-System" entstandene und mehrfach nach Einfluss der Lobbygruppen geänderte, unverständliche Gesetzestexte dem Bürger ob als Steuerzahler, Unternehmer oder als Anspruchsteller präsentiert werden, die diese unverzüglich zu beachten haben.

- Mit **Desinformation und Vernebelung** wird ein „sicheres Sozialsystem" vorgegaukelt, welches durch „Privat-Versicherungen" für einen besseren Lebensstandart, auch im Alter, aufgestockt werden kann:
  Was hat eine Familie mit Kindern davon, wenn aus **Erziehungsgründen** ein Fam.-Angehöriger nicht arbeitet und kein zusätzliches Geld für derartige „Privat-Versicherungen" vorhanden ist ?
  Von „1-€-Jobbern" und „Hartz IV-Empfängern" ganz zu schweigen, die evtl. Vermögensrücklagen bis zum Renteneintrittsalter aufgebracht haben werden.

- Tatsächlich jedoch findet auf einem „**Verschiebebahnhof**" (von der Renten- zur Kranken- zur Arbeitslosen- zur Pflege-Versicherung oder umgekehrt) seit Jahren eine politisch gewollte **Umverteilung von unten nach oben statt**, eine langsam ansteigende immer höheren Belastung der „normalverdienenden" Arbeitnehmerhaushalte, damit diese niemals zu höherem Wohlstand gelangen.

- Angebliche **Staatszuschüsse zur Rentenversicherung** sind im Grunde nichts anderes als unzureichende „Ersatzbeiträge" für die Personenkreise, die nie in diese Kassen eingezahlt hatten, jedoch per Gesetz in die Sozialversicherungen aufgenommen wurden (deutschstämmige Spätaussiedler aus den ehemaligen UdSSR-Staaten, Integration der „neuen" Bundesländer u. s. w.) oder für Familienlastenausgleich oder Ausbildungszeiten, deren Finanzierung Sache der Gesellschaft sind.

Evolution statt Revolution

Resignation nach meinen bisherigen Erfahrungen wäre zwar verständlich, jedoch eine alte ostasiatische Weisheit gibt Mut:

„Wer kämpft kann verlieren, wer nicht kämpft hat schon verloren".

Zwar hat M. Miegel nicht ganz unrecht:

- „Viele versuchen erst gar nicht, ihre Geschicke in die eigenen Hände zu nehmen. Warum sollten sie sich Gedanken über ihre Zukunft machen? Dazu fehlen ihnen die mentalen Anreize und nicht selten auch die materiellen Voraussetzungen. Der Staat hat sich zum Übervater entwickelt. Gegen ihn aufzubegehren, erscheint vielen sinnlos. Er lähmt Phantasie und Gestaltungswillen der Bürger und lenkt sich auf Nebengleise.
Da herrscht Leben. Auf den Hauptstrecken zuckeln Politik, Wirtschaft und Gesellschaft mühsam dahin.

- Jeder Versuch, hieran etwas zu ändern, stößt auf erbitterten Widerstand."

    Miegel, Meinhard „ Die deformierte Gesellschaft";
    Auszug Seite 283 ff, s. Lit.- Verzeichnis, Nr. 6

und trifft sicherlich –wie selbst von diesem eingeräumt wurde: „auf viele zu", jedoch viele sind nicht alle.

Wenn bereits ein Sechstel aller Güter und Dienstleistungen „schwarz" erwirtschaftet wird:

- „ ... verhält sich [die Bevölkerung] hier zutiefst widersprüchlich. Einerseits kann sie von staatlichen Leistungen nicht genug bekommen. Andererseits zögert sich nicht, ein Sechstel aller Güter und Dienste in Schwarzarbeit zu erwirtschaften und einen mindestens ebenso großen Anteil in unbezahlter Nachbarschaftshilfe und Eigenarbeit , die ebenso gut oder besser über den Markt abgewickelt werden könnten.

    Miegel, Meinhard: „ Die deformierte Gesellschaft;
    Auszug Seite 169ff, s. Lit.-Verz., Nr. 6

ist dieses eine sehr selektive Wahrnehmung des Wissenschaftlers, der übersieht, dass mindestens 30 % der Erwerbsbevölkerung bereits „praktisch" im Rahmen ihrer selektiven Möglichkeiten an der „Systemveränderung" teilnehmen, d.h. zwar nicht systemkonform, jedoch nehmen sie die Sache in die eigenen Hände.

Deutlicher:

Der eine Bevölkerungsteil ist im wirtschaftlichem Überlebenskampf, der andere mit dem Geldzählen oder Ankauf anderer Unternehmen oder der Entwicklung "abartiger" Konsum-Produkte ab 250.000 € / Stück beschäftigt, bzw. mit der Erstellung oder Umsetzung von unsinnigen und überflüssigen Verwaltungsanweisungen, die den „letzten" produktiv Arbeitenden das Leben schwer machen.

> *Die Milliarden, die ins Ausland transferiert wurden,*
> *hindern die anderen Länder, sich ihrer Kultur*
> *entsprechend zu entwickeln.*

Die Milliarden, die ins Ausland transferiert wurden und u.a. zum Aufkauf ausländischer Unternehmen oder Errichtung „wenig sinnvoller Auslandsinvestitionen" (s. "Pleite" - Tiger-Staaten, der „Neue" Aktienmarkt") aufgewendet wurden, wurden zuvor den anderen Unternehmen bzw. der Gesamtgesellschaft zur Lösung "sozialer Probleme" vorenthalten und hindern sogar die anderen Länder, sich ihrer Kultur entsprechend zu entwickeln.

Polemisch:

- Ministerialbeamte und Parteiarbeiter waren/sind mit dem Aufbau ihrer persönlich-finanziellen Karriere befasst (dafür war auch eine Absenkung des Spitzensteuersatzes notwendig, denn nur letztgenannter Personenkreis zahlt diesen Spitzensteuersatz).

- Volkswirtschaftlich im Sinne des Bruttosozialproduktes ist es „gleichwertig", ein Fahrzeug für 250.000€ statt 25 Fahrzeuge für 10.000 € (BSP= 250.000 €) zu produzieren.

- Es entlastet dann auch noch den Straßenverkehr.

- Viele „neue" Arbeitsplätze werden in Wach- und Schließgesellschaften entstehen, um die "Erfolgreichen" gegen die "Sozialneider" zu schützen.

Der Ansatz einer wie auch immer geratenen Vermögensteuer wurde durch „Ungleichbehandlungen" bei den Besitzenden zerstört.

Die Väter des Grundgesetzes hatten sich sicherlich etwas positives im Sinne einer Vermögensumverteilung gedacht.

Diese Gedanken einer Umverteilung, statt Kumulierung zu immer „Mehr" bei immer „Wenigern", **muss** erneut diskutiert und umgesetzt werden.

Milliarden-Beträge sind besser in gesellschaftlich sinnvolle Aktivitäten (Bildung, Altersicherung, etc) einzusetzen, statt in zweifelhafte Yachten, Fahr- und Flugzeuge, Luxusbauten etc, die nur wenige nutzen können.

Evolution statt Revolution entspricht dem Geist und auch der Fähigkeit einer wirklich pluralistischen und demokratischen Gesellschaftsordnung.

Zerstörtes Vertrauen und sich nicht erfüllende Hoffnungen lassen auch die Gutmütigsten nicht kalt.

Irgendwann krümmt sich auch der getretene Wurm:

> „Wir sind das Volk!".

Es wird nicht immer so „glimpflich" abgehen wie 1989/90 vor den „Mauerfall" (s. a. zwingender Interessenausgleich, Seite 12).

An die französische Revolution oder an die Oktober-Revolution 1917 muss nicht erinnert werden, denn jeder kennt es und hält es für eine „nichtwiederholbare Vergangenheit".

Das Mandarin-System in China führte zu mehreren hundert Jahren „absolutem Stillstand" der chinesischen Gesellschaft, mit später ungezählten Millionen Toten beim „langen Marsch" des Mao Tse Tung und seiner späteren Kulturrevolution.

Das „SCHarm"-Modell zeigt einen gehbaren Weg, auch für Mindestlöhne.

Die einzigen Gegner wären vielleicht noch die öffentlich – rechtlichen Institutionen, die „selbstausbeuterische" Sklavenlöhne" an Subunternehmen zahlen, die dann die **„Drecksarbeit"** machen.

Aber auch Letztere helfen sich damit, dass diese dann „illegal und /oder schwarz" Personen beschäftigen.

Anmerkung :
> **„Drecksarbeit"** muss neu definiert werden.
> Auch der „schöne" Beruf des Kfz-Mechanikers hat viel mit „Dreck" zu tun.
> Der Kotflügel hat seinen Namen nicht zu unrecht.
> Dort und an der Bodengruppe findet sich „Hundekot", „Tote Tiere" u.s.w.
> **„Drecksarbeit"** ist mehr der „asoziale Arbeitsplatzabbau" zur Gewinnsteigerung und nicht irgendeine gewerbliche oder pflegerischen Tätigkeit.

Missstände wurden nun zur Genüge beschrieben, nun sollten konkrete Vorschläge zur Beseitigung der Missstände oder besser die Grundlagen für die Diskussion und Umsetzung von Veränderungen geliefert werden.

Dieses in der Hoffnung, dass das „dem Leser auf die Füße treten" nicht schmerzhaft war, sondern lediglich den Leser wach gemacht hat, damit auch nachstehendes in eine geöffnete Gedankenwelt Platz finden kann.

III. Teil: Lösungsversuch mit dem „SCHarm"- Modell

Vorbemerkung zu diesem Themenbereich (Auszug: VOWIG).

„Wir haben kein Erkenntnisproblem, sondern nur ein Handlungs-bzw. Umsetzungsproblem", solche und ähnliche Sprüche von hohen Wissenschaftlern oder Repräsentanten des Staates kennt man.

Logisch, wenn ich die **Folgewirkungen meiner Handlungen** nicht kenne und daher irgendwelche nicht gewollten Konsequenzen be-fürchten muss, unterlasse ich besser jede Handlung (Aussitzen, Abwarten, „Ruhige Hand" u.s.w.).

Wenn in der „Technik" so abwartend vorgegangen würde, würden wir heute nicht mit dem Handy telefonieren, sondern noch immer „trom-meln" und das Ford „T-Modell, Baujahr 1923 " wäre noch heute der „Technische Standard" der Luxusklasse eines Massenverkehrsmittels.

Ursache dafür sind Defizite über volkswirtschaftliche Zusammen-hänge oder besser:

> *Wir haben den Mangel, die*
> *„Volkswirtschaft als System" zu betrachten.*

Fangen wir an, diesen Mangel zu beseitigen.

Schon aus der ganzheitlichen Überlegung oder aus den Fragen „Was soll denn dieses bedeuten?" oder „Wofür soll das Wissen darüber denn gut sein?" – müssen die Zusammenhänge in einer Volkswirt-schaft zum besseren Verständnis von Handlungs- und Umsetzungs-defiziten und deren Überwindung verdeutlicht werden.

Wie wirken die verschiedenen Einzelheiten der volkswirtschaftli-chen, soziologischen und politischen Gegebenheiten zusammen?

Auch hier gilt: „Das Ganze ist mehr als die Summe seiner Teile"

> *Doch wie kann man dieses System nachvollziehbar und*
> *einfach verständlich darstellen, ohne die Wirklichkeit zu*
> *stark zu verbiegen oder zu verfälschen?*

Aus meiner pädagogischen Trickkiste und im Rahmen schriftstelle-rischer Freiheit erlaube ich mir, die gesamte Gesellschaft mit zuvor genannten Gegebenheiten „schlicht und einfach" mit einem Auto-mobil praxisnah zu vergleichen, d. h. als eine Parabel, als ein in Bewegung befindliches Fahrzeug darzustellen.

Jeder fährt es, jeder kennt es: Das Auto.

Dieses soll keine Einführung in die Kfz-Technik werden, sondern nur eine Verdeutlichung der Problematik.

Mit einem systemtheoretischen Ansatz wird die derzeit in Deutschland praktizierte Volkswirtschaft mit einem Auto verglichen und auch Sie werden feststellen:

Jeder Verkehrspolizist und jeder TÜV würde ein derartiges Auto sofort aus dem Verkehr ziehen und dieses Fahrzeug der sachgerechten Entsorgung zuführen

Jedem autofahrenden Laien dürften die aufgezeigten Zusammenhänge bei einem Auto bekannt sein und auch bewusst werden, dass nahezu jeder Begriff sich noch in zahllose Einzeltechniken zerkleinern lässt, z. B.:

Getriebe – Zahnräder - Mechanik – Dynamik – Werkstofftechnik – Stahl usw.

Alle Baugruppen mit ihren speziellen Eigenschaften funktionieren in ihren Einzelheiten, der Scheibenwischermotor, wie auch der Scheinwerfer, der Motor und das Getriebe.

In der „Ganzheit des Autos", in einem „fahrenden Fahrzeug" erzeugen diese Baugruppen (Sub-oder Sub-Sub-Systeme) **andere**, vorher nicht gekannte Eigenschaften; wie z. B. eine saubere, die Weitsicht nicht trübende Windschutzscheibe, gute Beschleunigung, aktive und passive Fahrsicherheit.

Kurz: **Neue Eigenschaften**, wie z. B. unfallvermeidende und unfallfolgenverringernde Fahreigenschaften.

Unabhängig von der Art der Fortbewegung liegen für Straßenverkehrsteilnehmer die äußeren Bedingungen „auf der Straße" vor, die jede für sich eine Gefahr darstellen, durch die das Fahrziel nicht erreicht werden kann.

Das „System" Auto, als mobiles Etwas in unserer Umwelt

Modell:	Uni-Car
Baujahr:	2005
Hersteller:	Standard

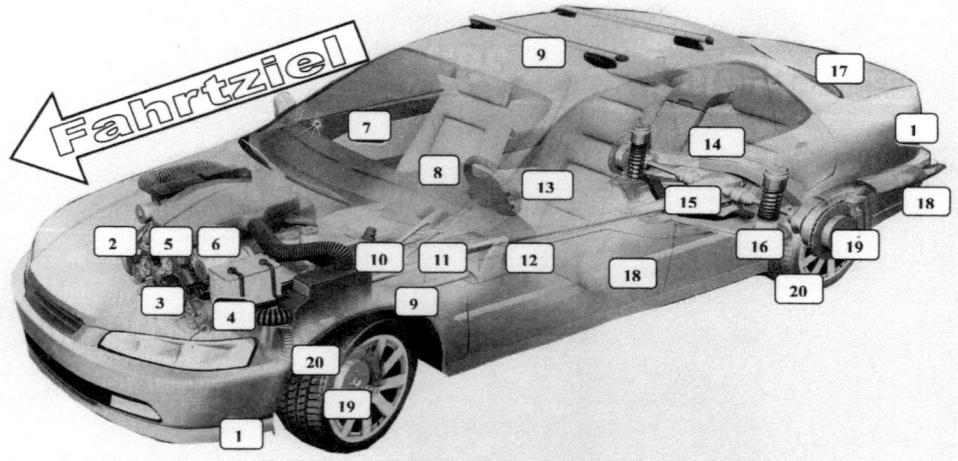

Betrachten Sie sich die einzelnen Baugruppen / Teile des gezeigten Fahrzeuges!

1	Stosstange	8	Armaturen	15	Differenzial
2	Ansaugluft /Treibstoff	9	Karosserie (Rahmen)	16	Federung, Stoßdämpfer
3	Motorkühlung	10	Kupplung	17	Kofferraum
4	Motor	11	Getriebe	18	Abgasanlage-Katalysator
5	Motorsteuerung	12	Fußpedale (Gas, Brem-	19	Antriebsachse / Reifen
6	Motorenzylinder	13	Lenkrad (Fahrer)	20	Bremsanlage
7	Windschutzscheibe	14	Rücksitzbank		

Betrachten Sie nun die Straße, auf der sich das gezeigte Fahrzeug bewegt!

> *„Unfallgefahren" lauern überall.*

Asphalt	Beton	Schotter	Blaubasalt	Dreck
Verkehrs-schilderwald	Schlaglöcher	Gegen-verkehr	Straßen-führung	Kurven-verläufe
Spurrillen	Regen	Laub	Öl	Schutt
Fußgänger	Sonnenschein	Radfahrer	Schnee	Eis

Wechselnder Fahrbahnbelag mit Straßenschäden, belastet mit Laub, Öl, Dreck, Schutt u.s.w. erschwert das Autofahren, welches durch andere Verkehrsteilnehmer, Straßenverläufe und Verkehrsschilderwald sowieso überlastet ist und durch wechselnde Witterungsbedingungen zu einem reinen, täglichen „Überlebenskampf" geworden ist.

Obwohl viele Automanager dieses vergessen haben:

Ein Auto ist mehr als die Summe seiner Einzelteile mit gänzlich anderen Eigenschaften.

Wenn nach der „Chaos-Theorie" bereits ein Flügelschlag eines Schmetterlings in der Südsee, einen Orkan in der Karibik verursachen kann, kann eine um 0,02 € billigere Gummileiste (andere Qualität) am Scheibenwischerblatt einen schwerwiegenden Unfall durch Sichtbehinderung auslösen.

Das Auto auf der Straße im Zusammenspiel mit hochkomplexen Einzelteilen, mit **erst jetzt entstehenden Eigenschaften** unter äußeren Fahrbedingungen, erzeugt extreme Belastungen für den Fahrer, wenn dieser tatsächlich sein Ziel erreichen will und setzt einen „wissenden" und „verantwortungsbewussten" Autofahrer voraus.

Übertragen wir das Auto und Autofahren nun auf die Volkswirtschaft und soziologische Faktoren.

Ähnlich wie bei dem vorgezeigten Auto, sind auch hier nur stichpunktartig die Einzelschwerpunkte einer Volkswirtschaft dargestellt, die erst in ihrer Gesamtheit mit unveräußerlichen Werten eine „Kulturgesellschaft" erzeugen.

Jeder einzelne Schwerpunkt ist auch in weitere Teilbereiche aufteilbar, wie z. B. die Verbände – Arbeitgeberverband, Gewerkschaft, Industrielobby – Versicherungsverbände – Banken – IHK usw.

Hier erhebe ich keineswegs den Anspruch auf Vollständigkeit und Richtigkeit der Vergleiche.

Auch hier gilt:

> *Die Volkswirtschaft ist mehr als die Summe ihrer betriebswirtschaftlich handelnden Einzelorganisationen, mit gänzlich anderen Eigenschaften.*

Sie sollten Ihren Blick auf das Modell „Volkswirtschaft" etwas verweilen lassen. In irgendeinem „Bauteil" finden Sie auch sich selbst wieder.

Nur fast belustigend richtig erscheint doch wohl die „übertragene Darstellung": **Am Steuer sitzt die Politik, die Regierung.**

Modell: Volkswirtschaft   Baujahr: 2005   Hersteller: Deutschland

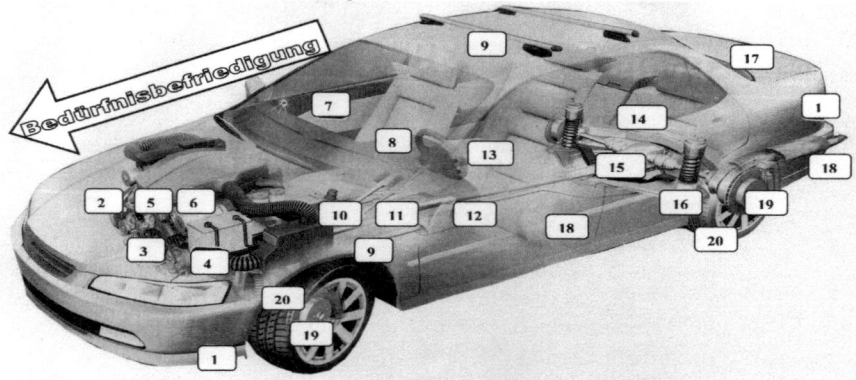

Die Teilsysteme des Autos sind durch Teilsysteme der Volkswirtschaft ersetzt.

Auto	Nr	Volkswirtschaft
Stosstange	1	Militär
Ansaugluft /Treibstoff	2	Importe
Motor-kühlung	3	Geldkreislauf - Zentralbank
Motor	4	Wirtschaft
Motor-steuerung	5	Betriebswirtschaft
Motoren-zylinder	6	Wirtschaftsbereiche (Industrie, Handwerk, Landwirtschaft)
Windschutz-scheibe	7	Informationen / Presse/ Medien
Armaturen	8	Wirtschaftsdaten, Wirtschaftsinstitute
Karosserie (Rahmen)	9	Verfassung
Kupplung	10	Industrieverbände / Gewerkschaften

Auto	Nr.	Volkswirtschaft
Getriebe	11	Arbeitnehmer
Fußpedale (Gas, Bremse)	12	Zentralbank
Lenkrad (Fahrer)	13	Politik / Regierung
Rücksitzbank	14	Verwaltung, Rentner, Universitäten, Schulen
Differenzial	15	Gerichtsbarkeit (Justiz)
Federung, Stoßdämpfer	16	Wirtschaftsgesetze, Sozialgesetze
Kofferraum	17	Reserven
Abgasanlage / Katalysator	18	Exporte
Antriebsachse / Reifen	19	Banken, Versicherungen, Handel, Transport
Bremsanlage	20	Politik, Zentralbank, Staatsverschuldung

Sie erkennen selbst, was laufend „unter die Räder kommen kann"!

Chancen-gleichheit	Kinder-erziehung	Arbeitsplätze	Glück	Hilfe zur Selbsthilfe
Wohlstand	Religion	Frieden	Humanität	Gerechtigkeit
Ausbildung	Toleranz	Freiheit	Kultur	Sicherheit
Umweltschutz	Würde	Außenhandel	Stabilität	Vollbeschäftigung

III. Teil Vorbemerkung zu diesem Themenbereich.

Nun zu den **Fahrbedingungen und zum Fahrbahnuntergrund** (unvollständig, ohne Rangfolge und Wertigkeit) auf dem sich dieses Modell der „Volkswirtschaft " bewegt (Sie sollten sich dieses intensiv betrachten):

Auch diese Begriffe lassen sich zerkleinern in zahllose Einzelaspekte (Sub- und Sub-Sub-Systeme) wie z. B. Gerechtigkeit in: Belastungsgerechtigkeit, Strafgerechtigkeit, Risikogerechtigkeit, Ausbildungsgerechtigkeit usw.

Diese Volkswirtschaft als Teil der Gesellschaft, **ist ein Zusammenspiel** von hochkomplexen Einzelorganisationen mit erst jetzt entstehenden neuen Wirkungen und Beeinflussungen, mit Hoffnungen und Erwartungen der Menschen unter äußeren Marktbedingungen (z.B. Globalisierung).

Wenn nach der „Chaos-Theorie" bereits ein Flügelschlag eines Schmetterlings in der Südsee, einen Orkan in der Karibik verursachen kann, kann eine um 0,5 %-ige Erhöhung der Sozialversicherungsbeiträge nun 50.000 Arbeitsplätze kosten oder sogar ganze Wirtschaftsbereiche dazu veranlassen - im Rahmen des Globalisierung - nun die Produktion auszulagern.

Die Volkswirtschaft besitzt vollkommen andere, kaum berechenbare Eigenschaften, die extreme Belastungen für die „richtungsgebenden Handelnden" (Politiker) erzeugen, wenn diese tatsächlich das Ziel *[)] erreichen wollen, ohne das zuviel „unter die Räder kommt".

*[)] Das **Ziel einer Volkswirtschaft sollte das Wohlergehen** (Befriedigung der wirtschaftlichen **und** sozialen Bedürfnisse) der Gesellschaft in Frieden und Freiheit sein (s. Grundgesetz).

Ziel darf niemals der reine „nackte" Machterhalt sein, denn Macht ohne Gestaltungswille ist sinnlos.

Nun zu den vom Auto übertragenen Zusammenhänge in der Volkswirtschaft:

Die Straße auf der sich dieses Modell „Volkswirtschaft" bewegt, stellt zwar keine unmittelbare Gefahr dar, soll jedoch zeigen „was alles durch die Volkswirtschaft unter die Räder kommen kann".

Sie wissen selbst, was bereis laufend „unter die Räder gekommen ist"!

Es ist sicherlich ausgeschlossen, dass überhaupt nichts „unter die Räder kommt", jedoch sollte die Politik am Steuer (13) zumindest vermeiden, dass unverzichtbare Grundbedürfnisse, wie Würde, Frieden, Gerechtigkeit, Humanität, Umweltschutz und Freiheit „unter die Räder" geraten – diese sollten erhalten und „geschützt" werden.

Es sollte nun für den Leser die Erkenntnis erwachsen sein, dass die gesellschaftlichen Probleme nicht wirklich gelöst werden, wenn nicht die Volkswirtschaft als System betrachtet wird.

Anmerkung:
Die nachfolgenden Ziffern in den Klammern beziehen sich auf die Vergleichstabelle zum Objekt „ Volkswirtschaft" der letzten Seiten.

Wie zuvor schon karikierend und belustigend festgestellt, gilt bei der „sicherlich zu einfachen, übertragenen Darstellung vom Auto auf die Volkswirtschaft", vom Autofahren auf gesellschaftliches Handeln:

Die Politik (13) , der(die) Politiker (in) sitzt am Steuer (13).

Hier soll es für die Politik und den Leser bedeuten:
Wenn man nicht weiß, wohin man will, darf man sich nicht wundern, dort angekommen zu sein wohin man nicht wollte.

Für eine Kursänderung ist es zu spät, denn die Legislaturperiode ist vorbei, für einen selbst (Autor), hoffentlich nicht für Sie - fast zu spät - das aktiv zu gestaltende Leben ist nahezu vorbei.

Nun sollte ein Fahrer und auch die anderen Betroffenen schon wissen, was er für eine Funktion hat:

Ist dieser ein Testfahrer, der die Reifen oder den Motor testet und letztendlich im Kreis fährt oder nur ein Sonntagsfahrer, der ziellos durch die Gegend fährt?

Hier soll es bedeuten:
Übertragen auf den Politiker, sollte man zumindest wissen, wessen Interessen dieser vertritt, d. h. der „**gläserne Abgeordnete**" ist ein sachlogisches Ergebnis einer analytischen Betrachtungsweise.

> *Eine analytische Betrachtungsweise bedingt für die* **Fahrer der Volkswirtschaft**, *wenn schon keinen Führerschein, dann zumindest die* **Offenlegung** *der jeweiligen Interessen, den „gläsernen Mandatsträger (Abgeordneten)" und selbst verständlich auch den gläsernen politischen Beamten (Minister).*

Technischer Mangel
Ein Fahrzeug ohne ABS (Anti-Blockiersystem) ist bei einer Vollbremsung (12) nicht lenkbar (13).

Hier soll es bedeuten:
Was bringt es der Politik (13), um Arbeitslosigkeit zu vermeiden, nach rechts oder links zu lenken, wenn jemand, z.B. die Zentralbank (12)) mit zu hohen Zinsen, voll auf der Bremse steht?

Technischer Mangel
Der Motor (4) stottert, er läuft „unrund", weil zu wenig Kühlmittel (3) vorhanden ist.

Hier soll es bedeuten:
Wie soll sich die Wirtschaft (4) entsprechend den sich verändernden Marktbedingungen nun weiterentwickeln, wenn zu wenig Geld (3) im Umlauf ist ?

Technischer Mangel
Mit einer rupfenden oder durchrutschenden Kupplung (10) kann unmöglich die im Motor steckende Kraft auf die Räder (14) gebracht werden.

Hier soll es bedeuten:
Eine erstklassige Wirtschaft (10) mit sich „verzankenden" Verbänden (14) - Gewerkschaften contra Arbeitgeberverbände - die um den Abschluss irgendwelcher gesellschaftlichen Mindestbedingungen (z.B. Branchen-Mindestlohn) streiten.

Technischer Mangel
Das trifft auch zu, wenn sich im Getriebe „verschlissene Zahnräder" (11) befinden („Sand im Getriebe").

Hier soll es bedeuten:
Schlecht bezahlte oder schlecht ausgebildete und / oder demotivierte, mit Arbeitsplatzsorgen und zu hohen Abgaben belastete Arbeitnehmer (11) können unmöglich die technisch mögliche Gütermenge erzeugen bzw. „unter´s Volk" bringen.
(s. Sonderdruck: Das **„StAbi"**-Modell

Technischer Mangel
Wie weit ein Auto fahren kann, ist von der Beladung (14) - Was wird alles mitgeschleppt? - und den Reserven (Tank) abhängig (17).

Hier soll es bedeuten:
Nicht zufällig stehen hier die Begriffe „Verwaltung (14), Rentner, Universitäten (17), Schulen und Ausbildung", jedoch ohne Wertung was überflüssig oder zwingend für eine soziale Gesellschaft notwendig ist (s. Sonderdruck: Das **„Stabi"**-Modell).
Es ist aber ein Fakt, dass eine überbordende Verwaltung keinen zusätzlichen Wohlstand erzeugt, weder jetzt, noch in Zukunft (s. Sonderdruck „Risikogerechtigkeit": Das **„StAG-Tax"**- Modell)

Technischer Mangel

Ein „überladendes" Auto ohne Reserven kommt nicht weit (Faustregel: 100 kg Ballast erzeugen einen Mehrverbrauch von 1 Liter Kraftstoff auf 100 km).

Hier soll es bedeuten:

Mit Sozialabgaben überfrachtete Löhne erzeugen Arbeitslosigkeit, denn z. B. 0,1 % veränderte Sozialversicherungsbeiträge entsprechen 100.000 Arbeitsplätze (daher: Das **„SCHarm"**-Modell).

Weitere Mängel am Auto (kaum ein Autofahrer merkt diese „schleichend eintretenden Fehler):

Technischer Mangel

Das Differential (15), welches unterschiedliche Kräfte /Drehzahlen auf die verschiedenen Antriebsräder (20) ausgleichen soll, ist defekt.

Hier soll es bedeuten:

Die Justiz (15), insbesondere die Zivil-, Sozial-, Finanz- und Verwaltungsgerichtsbarkeit, ist nicht in der Lage, sachgerechte Prozesse in übersehbarer Zeit halbwegs gerecht und nachvollziehbar zwischen den Streitenden auszugleichen. (s. Sonderdruck „Risikogerechtigkeit": Das **„JuRiG"**-Modell).

Technischer Mangel

Die Federung (16) des Fahrzeuges ist defekt, die Dämpfung (16) ist nicht hinreichend abgestimmt: Beide entsprechen nicht den Fahrleistungen und sind das Gegenteil einer passiven Fahrsicherheit, weil diese nicht „durch die Technik selbst", Unfälle verhindern.

Hier soll es bedeuten:

Wirtschaftgesetze (Sozialgesetzgebung, Steuergesetze) entsprechen nicht mehr dieser sich schnell entwickelnden und sich ändernden Hochleistungsvolkswirtschaft. (s. Sonderdruck „Risikogerechtigkeit": Das **„StAG-Tax"**- Modell

Technischer Mangel

Diese negativen Wirkungen steigern sich, wenn der Luftdruck in der Bereifung (20) zu niedrig ist.

Hier soll es bedeuten:

Die Banken geben nur mit höchsten Auflagen Kredite (Basel II) und / oder Versicherungen und / oder Kapitalgesellschaften (20) horten die Beiträge / Gewinne, statt sie an die Anspruchsberechtigten / Kapitaleigner auszuzahlen (s. Sonderdruck „Risikogerechtigkeit": Das **„KaRiG"**-Modell).

Technischer Mangel

Dass dieses schlingernde Fahrzeug nicht die Spur hält, nicht dort lang fährt, wo es hingelenkt wurde und zahllose Dinge überfahren werden, ist nicht verwunderlich.

Daher:

> *Jeder Verkehrspolizist und jeder TÜV würde ein derartiges Auto sofort aus dem Verkehr ziehen und dieses Fahrzeug der sachgerechten Entsorgung (**Verschrottung**) zuführen.*

Hier soll es bedeuten:

Sollte die „schlingernde Volkswirtschaft" zivilisatorische und soziale Errungenschaften der Gesellschaft unter die Räder nehmen, dürfte es langsam bedenklich werden.

„Einzelfalllösungen" und / oder „ Das Drehen an Stellschrauben", nur weil es zu einem politischen Konsens führt , führt in die Sackgasse.

Diese Gesellschaft wird nicht zukunftsfähig, irgendwann erschallt der Ruf:

„Wir sind das Volk".

Arbeitnehmer, Arbeitgeber, Kranke, Behinderte, Rentner und Arbeitslose sind keine „unterprivilegierte Klasse", sondern auch „das Volk", dass von der Gesellschaft (Politik) erwartet, dass die „Lebens- und Arbeitsbedingungen" und die dafür notwendigen Lasten gerecht verteilt werden, zumindest jedoch durch gesetzliche Rahmenbedingungen, die gerecht und sozial sind, fixiert sind.

Kernaussagen

Unternehmen zahlen seit Generationen Beiträge nach der Höhe der Bruttolöhne, jeweils bis zur Beitragsbemessungsgrenze in die sozialen Sicherungssysteme ein.

Das hat zur Folge, dass der junge, nie kranke „Geringverdiener" bis 2.700€ pro Monat Bruttolohn nun 21 % davon (und auch der Arbeitgeber in gleicher Höhe) an die Sozial-Versicherungen bezahlen muss, wogegen der „Besserverdienende" mit 10.000 € lediglich ca. 10 % (wie auch dessen Arbeitgeber) zu zahlen hat.

Das heutige System, wettbewerbsverzerrend und ungerecht

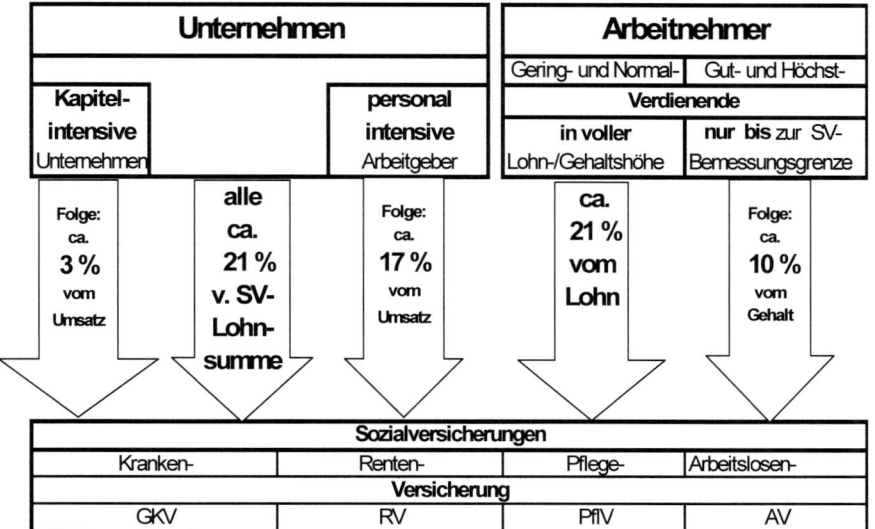

Aufgrund der ökonomischen und technologischen Entwicklung in den vergangenen Jahrzehnten ist die Lohnsumme für eine Vielzahl von hochtechnologischen Betrieben und Handelsunternehmen nicht mehr das entscheidende Moment für deren wirtschaftliche Stärke.

Die heutige Struktur verteuert die handwerklichen und kleinindustriellen Arbeitsplätze sowie die öffentlichen Dienstleistungen.

Die Zahlungspflicht der AG-Anteile zur Sozial-Versicherung auch bei betrieblichen Verlusten vernichtet in personalintensiven Betrieben die Arbeitsplätze und verhindert die Entstehung von neuen Arbeitsplätzen.

Ziel von SCHarm ist:

- dass Unternehmen nach ihrer realen wirtschaftlichen Leistungsfähigkeit, nach ihrem Umsatz und nicht nach der Zahl der Beschäftigten und deren Lohnsumme in die sozialen Sicherungssysteme einzahlen und gleichzeitig die innerbetriebliche Wertschöpfung durch „Arbeit" anregen und den Arbeitsplatzabbau (Auslagerung) stoppen.

- eine Sozialabgaben-Ausgleichskasse, in die jedes Unternehmer / jeder Betrieb / Vermieter / Kap.-Besitzer ca. 5 % oder einen nach Art der Einkünfte halbierten Satz von seiner Einnahme, bzw. vom Umsatz, bzw. vom bewegten Waren-/Unternehmenswert bzw. von der bewegten Geldmenge, in diese Solidaritätskasse einzahlt.

- dass personalintensive Betriebe (z.B. der gesamte Gesundheits-, Handwerks- und Dienstleistungsbereich) eine Rückerstattung erhalten bis diese auch „nur" 5 % gezahlt haben, so dass diese Neueinstellungen und Arbeitszeitreduzierungen finanzieren können, sogar bei höheren Nettolöhnen.

- dass auf bestehende Strukturen, wie derzeit auf die Bundesknappschaft (Jetzt: bundesweite Einzahlstelle für Mini Jobs) und den Strukturausgleichfonds (neu ab 2009: zentrale Einzugsstelle)der Krankenkassen zurückgegriffen wird, so dass keine neue „Verwaltung" entsteht.

1. Gesellschaftlicher „Ist" - Zustand

Das Horrorbild der gesellschaftlichen Verwerfungen ist nun nicht mehr zu übersehen:

Langzeitarbeitslose, Niedriglohnsektor, Billigjobs, Mini-Jobs, 1-€-Jobs, staatliche Eingriffe, zu viele Arbeitslose, zu hohe Kosten, bzw. **sinkende Einnahmen** im Gesundheitswesen, bei den Renten und in der Pflegeversicherung , zusammen mit Arbeitskräftemangel und zu vielen Überstunden, extremen Exportüberschüssen und spektakulären Firmenaufkäufen deutscher Grossunternehmen, fordern eine **Kursänderung.**

(8 Stunden täglicher Arbeit seitens **einer Familie** sollten ausreichen, um eine vierköpfige Familie angemessen und oberhalb des Hartz IV-Satzes zu ernähren)

> *Im Rahmen der angestrebten vollen Beruftätigkeit der Frauen – statt Teilzeit für Mann und Frau– werden die Frauen zu Konkurrenten um Arbeitsplätze.*

Dieses nun mit der Folge, dass letztlich ein „Lohndumping" derart stattfindet, dass heute ohne einen „Hinzuverdienst des anderen Partners" eine Person –die unterbezahlte Frau **erst recht nicht** – in der Lage ist, eine Familie mit Kindern auf eine angemessene Weise – oberhalb des Hartz IV-Satzes zu ernähren.

Die Öko-Steuer zur Absenkung der Beiträge der Rentenversicherung , bzw. zur Vermeidung einer weiteren Erhöhung einzusetzen, war zwar ein „nicht schlechter Ansatz", jedoch führte dieses auf wenig Verständnis in der Öffentlichkeit.

Besser die Öko-Steuer für Öko-Projekte und eine Solidarbeteiligung von Groß-Unternehmen an den Gesamt-Sozialversicherungskosten.

Klammheimlich wurde 2006 diese Öko-Steuer dem Steuertopf zugeschlagen (s. nächstes Kapitel 2, Ursachen, Alibidebatten), die arbeitende Bevölkerung um **10,8 Mrd. € belastet** und eine Ablenkungsdiskussion über die zwingend notwendige Finanzierung von Kindertagesstätten von 1,5 Mrd. € geführt.

> *Die derzeitige Regelung ist faktisch eine Sondersteuer auf alle Arbeitsplätze, die noch nicht einmal bei Verlusten zurückerstattet oder angerechnet wird.*

Ein **Arbeitnehmer** mit **2.000 €** Brutto-Verdienst und nur **"1.100 € netto"** ist weder zu Mehrleistungen zu motivieren noch –falls arbeitslos – dazu, eine Arbeit anzunehmen.

> *Sie verteuert Handwerks- und Dienstleistungen, weil über die Stundenpreise/ Gebühren ein 42 % Sozialversicherungsbeitrag auf den Bruttolohn finanziert werden muss.*

Gleichzeitig wird für den persönlich haftenden **Klein- und Mittelstandsunternehmer** eine Neueinstellung durch den 50 %-Anteil der 42 % = 420 € Sozial-Versicherungs-Beiträge und mit weiteren 30 % Personal-Nebenkosten von 600 € und somit zu tragenden **3.100 € Personalkosten** (ohne Arbeitsplatzkosten und Risikoentschädigung) **zum wirtschaftlichen Harakiri.**

Deutlicher:

Von 100 € Umsatz –bei Dienstleistern und Handwerkern zu 80 % durch das Personal entstanden – müssen (42 % von 80 € ca.) 35 € SV-Beiträge abgeführt werden.

Diese Abgaben-Last, angereichert durch die Lohnsteuer – zu einer Gesamtlast von 62% - 75 % - auf Arbeitsplätze, trifft in ruinöser Weise nicht nur alle „normal" verdienenden Arbeitnehmer, insbesondere mit Kindern, sondern in erster Linie personalintensive Betriebe, d.h. mittelständische Handwerksbetriebe, Kleinunternehmer und Dienstleistungserbringer.

Mittlerweile ist Deutschland vom Resteuropa abgekoppelt:

Stand:
Kölner
Stadtan-
zeiger
vom
1.3.07

Was von 100 Euro bleibt

Das bleibt einem Alleinstehenden durchschnittlich von 100 Euro nach Abzug aller Abgaben übrig (in Euro):

Belgien	44,60
Deutschland	47,50
Frankreich	49,80
Niederlande	55,60
Türkei	57,20
Spanien	60,90
Luxemburg	63,50
Großbrit.	66,10
USA	71,10
Irland	76,90

Quelle: OECD   isotype/Klutl

Welcher Arbeitnehmer soll verstehen, dass er für einen Handwerker 60 €/h bezahlen soll, wenn dieser selbst nur 12,50 € netto sieht, obwohl sein Chef für seine Arbeitsstunde 60 € berechnet?

Schon seit Jahren und verstärkt auch in der Zukunft werden Schwarzarbeit sowohl bei Arbeitgebern und Unternehmern (Vermeidung von Mehrwertsteuern und Sozialabgaben), wie auch 400-€-Jobs gängige Praxis bleiben.

Weiterhin werden Produktions- (-leistungs)-engpässe über kurzfristiges Personalleasing oder ausländische Subunternehmer gelöst, sowie Dienstleistungen aus Großbetrieben auf 1-Mann-Scheinunternehmer ausgelagert (wir haben schon einen 2. Arbeitsmarkt!!).

Resultat: Verstärkte Flucht in die **Schwarzarbeit** oder die **„Schwarzentlohnung" *)**
*) Zu glauben, dass diese nicht existiert, weil nicht nachweisbar, ist den Denkstrukturen: „Die Erde ist eine Scheibe", zuzuordnen (ein erklärendes Zahlenbeispiel in Kapitel 7.2., Seite 57).

Der Unterschied zwischen brutto und netto macht Schwarzarbeit attraktiv

Was der Arbeitnehmer bekommt ...

Ein Bauarbeiter in der Steuerklasse IV bekommt einen Stundenlohn von 14 Euro, was über dem Mindestlohn II der alten Bundesländer liegt. Davon gehen Steuern und Sozialabgaben ab:

Brutto-Stundenlohn	**14,00 Euro**
Steuern	2,21 Euro
Solidarbeitrag	0,12 Euro
Rentenversicherung (9,75 Prozent)	1,37 Euro
Arbeitslosenversicherung (3,25 Prozent)	0,46 Euro
Krankenversicherung (7,25 Prozent)	1,02 Euro
Pflegeversicherung (0,85 Prozent)	0,12 Euro
Nettolohn	**8,70 Euro**

... und was der Arbeitgeber bezahlt

Brutto-Stundenlohn	**14,00 Euro**
plus Lohnzusatzkosten:	
gesetzliche Soziallöhne (z.B. Mindesturlaub, Feiertage, Krankheit)	2,78 Euro
gesetzliche Sozialkosten (Renten-, Arbeitslosen-, Kranken- und Pflegeversicherung, Beitrag zur Berufsgenossenschaft)	5,86 Euro
tarifliche Soziallöhne (z.B. 13. Monatseinkommen, Beiträge zu den Sozialkassen)	2,24 Euro
plus Gemeinkosten des Betriebes (erfahrungsgemäß 105,5 Prozent des Bruttolohns)	14,77 Euro
plus Lohnnebenkosten (z.B. Fahrtkosten, Auslöse des Arbeitnehmers für auswärtigen Einsatz = erfahrungsgemäß 10 Prozent des Bruttolohns)	1,40 Euro
plus Mehrwertsteuer	6,57 Euro
Gesamtbelastung für den Arbeitgeber	**47,62 Euro**

33,62 Euro

14,00 Euro   14,00 Euro

© 10/2004 Deutscher Instituts-Verlag

Konsequenz: Bei einem Verhältnis von 47,62 zu 8,70 Euro muss der Bauarbeiter 5,5 Stunden arbeiten, um sich eine Stunde der von ihm geleisteten Arbeit kaufen zu können.

Ursprungsdaten: Zentralverband Deutsches Baugewerbe (ZDB)   **Institut der deutschen Wirtschaft Köln**

Überaus Kreative weichen in die **Schwarzentlohnung** von Lohn- oder Gehaltsanteilen aus, wenn zwar die Arbeitskraft benötigt wird, jedoch die Personal-Gesamtkosten nicht erwirtschaftet werden konnten und der eigene Einkommenssteuer-Satz (z. B. 25 %) niedriger ist als die Summe aus Sozialabgaben + Arbeitnehmer-Lohnsteueranteil (42 % + 15 % = 57 %), was im allgemeinen immer zutrifft und noch weniger nachweisbar als die Schwarzarbeit im klassischen Sinn ist (s. auch Abschnitt: 7.2).

Diese "kreative Liste" zur Umgehung von Personalkosten, d.h. von Sozial-Versicherungs-Lasten ließe sich endlos verlängern, bis hin zu wettbewerbsverzerrenden Einflüssen der Bundesagentur für Arbeit (Arbeitsamt) durch Teilfinanzierung von Arbeitsplätzen (natürlich bei der Konkurrenz) und auch entsprechender Mitnahmeeffekte von Unternehmen, die es nicht nötig haben, sowie die gleichfalls wettbewerbsverzerrenden Subventionierungen von Arbeitsplätzen aus direkten Steuermitteln.

Wirtschaftskreislauf – vereinfacht
mit SV = Sozial-Versicherungs-Beiträgen
„Ist"- Zustand

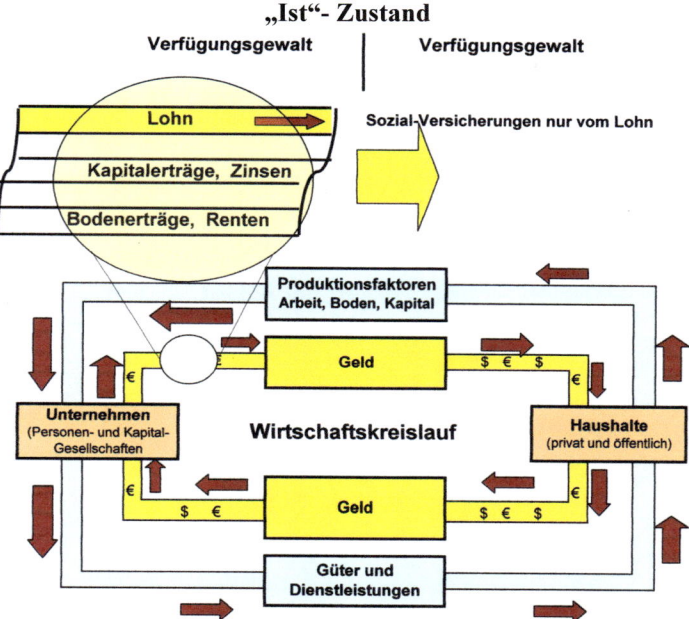

Der Staat und seine Organisationen greifen ihren Anteil zur Erfüllung der *gesamtgesellschaftlichen Aufgaben* ausschließlich dort ab, wo der Mensch unmittelbar als Besitzer von Produktionsfaktoren oder als Konsument betroffen ist, d.h. Verfügungsgewalt besitzt.

Nur ansatzweise über die *Öko-Steuer* oder *geringe Körperschaftssteuern* werden Unternehmen, die Verfügungsgewalt über den Produktionsprozess (Input / Output) haben, unmittelbar „zur Kasse" gebeten.

Es kann nicht richtig sein, dass seit Jahren deutsche Großunternehmen mit hoher Personalproduktivität durch Auslagerung von Personal etc. mit den extrem gestiegenen Gewinnen - sicherlich auch durch den gewerkschaftlichen Verzicht auf Lohnerhöhungen - den "Rest der Welt" aufkaufen (s. z.B. Rolls Royce, Chrysler etc) und die personalintensiven Betriebe, d.h. mittelständische Handwerksbetriebe, Kleinunternehmer und Dienstleistungserbringer mit den überwiegenden Soziallasten der Gesellschaft allein gelassen werden und dann noch zum "Bösewicht = Niedriglohnzahler" der Nation gemacht werden.

Ein Neustart ist sicherlich richtig! Aber wohin ??

An welcher Stelle des idealen Wirtschaftskreislaufes sollen die Kosten für die soziale Sicherheit der Bevölkerung „abgeschöpft" werden ?

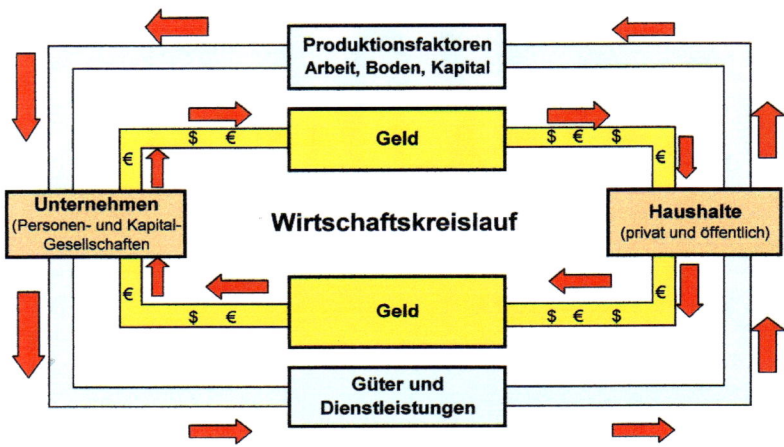

Soziologie-Professoren und Direktoren des Max-Plank-Institutes bürgen noch nicht der Herkunft wegen für „marktwirtschaftliche Lösungen".

Der Weg – möglichst viele Förderprogramme, zu Gunsten einer Arbeitsverwaltung mit noch mehr Planstellen, noch mehr A 17-Stellen - kann diesmal nicht das Ziel sein !

Die Forderung nach einer „**Wertschöpfungsabgabe**" scheitert bereits an diesem schwer fassbaren Begriff der Wertschöpfung, erinnert an Maschinensteuer und an die Auseinandersetzung zwischen Kapitalismus und Kommunismus. Oder auch an Maschinenstürmerei.

> *Wertschöpfung ist zwar ein wirtschaftspolitischer Begriff , jedoch eine Wertschöpfungsabgabe ist realistisch nicht wirtschaftlich festsetzbar!*

Im Grenzfall wird diese Wertschöpfung „null" sein, wenn Großkonzerne im Rahmen der internationalen Arbeitsteilung z.B. Teilbauteile (Motor) unterhalb der Herstellungskosten exportieren (Wer will das kontrollieren?) und die Gewinne daraus in anderen Ländern entstehen.

Um das Ziel zu definieren, ist eine Ursachenanalyse unumgänglich.

2. Ursachen

Die derzeitige Regelung ist Anachronismus aus dem vorletzten Jahrhundert:

- Die Umlegung der gesamt-gesellschaftlichen Verpflichtung zur sozialen Sicherheit nur auf die Lohnsumme (= Produktionsfaktor „Arbeit") entspricht weder der Leistungskraft der verschiedenen Unternehmen, noch dem Verursacherprinzip, ganz zu schweigen von einer modernen Marktwirtschaft im 2. Jahrtausend.

- Die **bemessungsgrenzen-abhängigen Lohnsummen** für die Sozialversicherungslasten werden in %-Anteilen willkürlich zugrunde gelegt.

- Dieses mag zwar als Berechnungsgröße für die Individual-Rente anwendbar sein, jedoch ist der **anteilige Arbeitgeberbeitrag** im Grunde sogar eine verfassungswidrige Verzerrung der Produktivität.

- Denn bisher wird nur **über Teile des Faktors „Arbeit"** die soziale Sicherung der Gesellschaft geregelt, obwohl diese ungleiche Sachverhalte im Sinne der Personalproduktivität sind.

Anstatt an alle Zitzen gleichmäßig zu melken, nimmt der Bauer immer nur diese eine ...

Bisher wurde und wird davon ausgegangen, dass der Produktionsfaktor „Arbeit" alle gesellschaftlichen Soziallasten verursacht und sich auch selbst finanzieren soll, weil Sozialleistungen den Menschen zugute kommen.

Dieses ist heute genauso falsch, wie es damals falsch war (Bismarck´sche Gesetze 1890 ff).

> *Auch kapital- und bodenintensive Grossbetriebe verursachen einen Großteil der Soziallasten.*

Kapitalintensive Grossbetriebe (z.B. Petrochemie) als Beispiel für den Produktionsfaktor „Kapital" oder bodenintensive Agrarbetriebe (z.B. Massentierhaltung) als Beispiel für den Produktionsfaktor „Boden" sind im großen Umfang mit daran beteiligt, die Umwelt zu belasten, die Menschen „krank zu machen" , manchmal auch Arbeitslosigkeit zu erzeugen und Menschen frühzeitig in die „Rente" zu schicken und mittelfristig zum Pflegefall zu machen.

Über eine Billion DM Exportleistung wurde im Jahre 2000 (ohne dass die Gesellschaft eine Mehrwert-Steuer-Einnahme verzeichnen kann; im Gegenteil: Vorsteuerabzug!) in erster Linie von Unternehmen mit hoher Personalproduktivität erbracht.

Diese tragen im Verhältnis zu ihrem Umsatz nur unwesentliche %-Anteile an den gesamtgesellschaftlichen Sozialversicherungslasten, im Vergleich zu personalintensiven Unternehmen, die im Verhältnis zu ihrem Umsatz einen zu hohen Anteil an den Gesamt-Soziallasten tragen.

Durch Wegfall der „Zölle" durch den begrüßenswerten internationalen Handel und durch den Wegfall der Vermögenssteuer wurden Großkonzernen Zusatzeinnahmen ermöglicht und gleichzeitig der Staat veranlasst, auf Milliardenzahlungen zu verzichten.

Zum Geschichtsbewusstsein.

Im Mittelalter bis zur Schaffung der Nationalstaaten finanzierten sich – mangels Geldbesitz bei der Mehrheit der Bevölkerung – der Staat, bzw. die machtausübenden Organisationen ausschließlich durch die Warenproduktion selbst und durch die Warenbewegungen.

Das Stapelhaus in Köln an der Grenze zum Niederländer-, bzw. Oberländerufer (in jeder großen Stadt gab es ähnliches) ist der existierende Beweis.

Die Waren aus den Niederlanden wurden gegen Entgelt bis zur Verschiffung in Richtung Oberrhein (rheinaufwärts) oder umgekehrt zwischengelagert.

Davon lebte Köln.

In der Folge der Neuzeit und der „modernen" Industriegesellschaft - mangels Steuereinnahmen (u.a. Zölle) – wurden immer mehr „gesamtgesellschaftliche Aufgaben" nicht mehr über Steuergelder, sondern als „versicherungsfremde Leistungen" über die Sozialversicherungsträger finanziert (= legale Verwaltungstechnik der Umverteilung **von unten** nach oben).

> *Versicherungsfremde Leistungen und Beitragsbemessungsgrenzen sind der **legale** Weg der **Umverteilung von unten nach oben**.*

Somit wurde einseitig dem Produktionsfaktor „Arbeit", besser: Nur dem Teil der Erwerbsarbeit bis zur Bemessungsgrundlage, d. h. den Arbeitnehmern und –gebern von „Geringverdienenden" immer mehr Lasten aufgebürdet.

Löhne/Gehälter oberhalb der Bemessungsgrundlage, wie auch alle anderen Einkommen, blieben von dieser Zusatzbelastung verschont (= legale Verwaltungstechnik zur Umverteilung von ganz unten nach oben).

> *Alibidebatten zur Ablenkung vom Grundproblem sind Desinformation.*

Erst 8 Jahre später, nachdem ich erstmalig USLA, den „Unternehmer-Sozial-Lasten-Ausgleich", in einer Bundestagspetition vorstellte, wird dieses endlich auch von hochrangigen Praktikern im Interview Markus Decker für den Kölner Stadtanzeiger (6.3.07) mit Jürgen Borchert, Richter am Hessischen Landessozialgericht sowie Familien- und Sozialexperte, bestätigt, Zitat Bochert:

> „Praktische Politik bringt ständig Verschlechterung!
> Es gibt gar keine Familienförderung.

> Eine Facharbeiterfamilie mit zwei oder mehr Kindern und Durchschnittsverdienst kann das Existenzminimum durch Arbeit nicht mehr decken. ......

> **Beispiel:** Anfang 2006 traten familienpolitische Verschlechterungen von **10,8 Milliarden Euro** ein, alle Welt debattierte aber nur über das Elterngeld, das Kosten von 1,5 Milliarden Euro verursacht....

> Wir führen Alibidebatten.

> Um die echten Herausforderungen macht die Politik einen großen Bogen."

Der Teufelskreis schließt sich.

„Geiz ist geil" (weil existenznotwendig), jedoch führt der vollkommen sozialabgabenfreie internationale Waren- und Geldverkehr zu

Verwerfungen sozialer Strukturen, wie z.B. Warenproduktion zu Dumpinglöhnen (Sklavenlöhne) in China und Überschwemmung dieser Erzeugnisse in Ländern, die aus diesem Grund „Arbeitsplätze in Millionen Höhe" wegrationalisiert haben.

Protektionismus zur Beseitigung derartiger Verwerfungen im Rahmen der realen Globalisierung kann nicht die Lösung sein, wie auch nicht irgendwelche „Sonderzahlungen" an staatl.- oder halbstaatliche Stellen, die nur den „Ruch von Korruption" verbreiten.

3. Die Lösung

Das Grundproblem lautet:

Wer trägt die Folgen der sozialen Sicherheit ?

> *Der personalintensive, unternehmerische Mittelstand*
> *kann dieses nicht mehr alleine leisten.*

Benötigt wird mehr als die **unspezifizierte Forderung:**
"Lohnnebenkosten - Reduzierung".

Die Nutzung des Begriffes „Lohnnebenkosten" in diesem Zusammenhang ist irreführend, weil unter „Lohnnebenkosten" auch Urlaub, Lohnfortzahlung im Krankheitsfall und interne betriebliche bzw. tarifliche Sonderleistungen (wie Weihnachts-/Urlaubsgeld, etc.) subsummiert sind.

Es geht hier jedoch um die sozialen Sicherungssysteme, d.h. nur um den Arbeitgeberanteil zur Kranken-, Arbeitslosen-, Renten-, Pflege- und Unfallversicherung und keinesfalls um einen Eingriff in die Tarifhoheit der Gewerkschaften.

Zur Problemlösung gehört ein "ganzheitlicher Denkansatz", d.h. ein Zusammenwirken von Sozial-, Wirtschafts- und Steuerexperten bzw. Experten des Wirtschafts-, Arbeits- und Finanzministeriums, die die konkreten Zahlen jederzeit vorweisen können.

Der Grundsatz der sozialen Marktwirtschaft:

> **„Soviel Staat wie nötig - sowenig wie möglich",**

wird schon seit langem nicht mehr beachtet.

Benötigt wird eine „Selbstorganisation der Wirtschaft bei „gerechten" staatlichen Rahmenbedingungen !"

Der Einfluss des Staates mit marktwirtschaftlichen Mitteln ist gefragt:

Anm.: Das Steuerrecht ist eine dieser Möglichkeiten, wobei z.B. steuerfreie Nachtschichtzulagen , Entfernungspauschalen immer nur Anreize sowohl für Arbeitnehmer oder andere Bürger waren, bestimmte gesellschaftlich notwendige Handlungen vorzunehmen.

Generelle Streichungen nach „Kirchhof etc " stellen alles auf den Kopf, wie auch die bisherigen Absetzungsmöglichkeiten.

Wenn schon kein „neues Steuersystem", dann sollte zumindest der **ungerechte wirtschaftliche Vorteil**, dass jemand bei einer Investition / Werbungskosten von 5.000 € bei einem 50 % Spitzensteuersatz 2.500€ Steuern spart, ein Kleinunter-

---

nehmer/Arbeitnehmer mit 15 % Eingangssteuersatz nur 750€ und ein Geringverdiener innerhalb der Freigrenzen überhaupt keine Rückerstattung hat, beseitigt werden.

Sinnvoll und gerechter ist in diesem Zusammenhang auch ein einheitlicher fester Abschreibungssatz -/ Werbungskosten-Steuersatz von z. B. 35 %, der auch bei „0"-Steuer in Höhe von 35 % erstattet wird.

Eine Kursänderung bedeutet nicht nur eine andere Kostenverteilung zur Erfüllung der gesamtgesellschaftlichen sozialen Sicherung, sondern einen neuen Denkansatz.

Soll Zustand

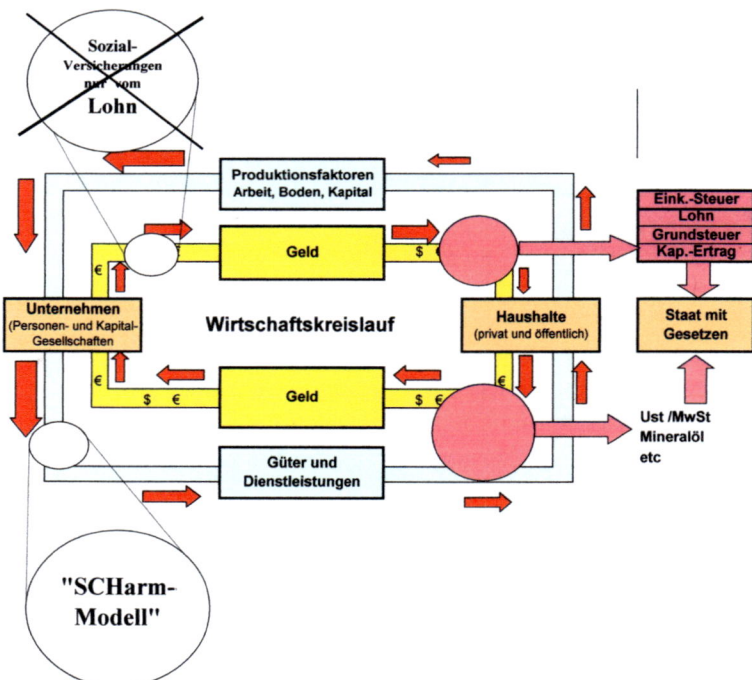

Aus volkswirtschaftlicher Sicht ist es ökonomisch sinnvoller, zukünftig innerhalb des Wirtschaftskreislaufes, sowohl für die Kosten der sozialen Sicherung der Gesellschaft, als auch für die Unternehmensbesteuerung, **unmittelbar am Produktionsergebnis** anzusetzen, d. h. wenn diese Leistung **den Besitzer wechselt**, bzw. **das „Betriebstor"** zu externen Verfügern / Käufern **verlässt**.

Auch unternehmerisch tätige Wirtschaftler, die „nicht wissenschaftlich arbeiten (obwohl die Hermeneutik auch ein wissenschaftlicher Weg ist)", können aufgrund ihrer praktischen Erfahrung im unmittelbaren Wirtschaftsgeschehen, gelegentlich mal eine **„richtige" Idee** haben, insbesondere wenn dieser durch ingenieurmäßige Ausbildung zur Analyse und Kreativität erzogen wurden.

Eine sinnvolle Lösung zur Beseitigung mehrerer gesellschaftspolitischer Missstände deren Ursache in der Höhe der gesetzlichen **Arbeitgeberbeiträge** zur Sozialversicherung liegt, ist das

Social Cost Harmonisierung („SCHarm") -Modell

das möglicherweise einen Großteil (**alle?**) der derzeitigen Arbeitsmarkt- und Wirtschaftsprobleme lösen kann.

Grenzwert für bisherige Abgaben und dem „SCHarm"-Modell

*) Umsatz / bewegter Wert ohne Verbrauchssteuer erzeugt den zu zahlenden **Arbeitgeber- Anteil** vom „SCHarm"- Beitrag

Personal-kosten	Umsatz *) pro Mitarbeiter	Alt Arbeitgeber-SV-Anteil	ALT Arbeitgeber-anteil vom	SCHarm	Differenz	Folge	Wirtschaftsbereich
in €	in €	21%	Umsatz	5%			
100.000	120.000	17.355	14,5%	6.000	-11.355	Erstattung	Sozialdienste
100.000	150.000	17.355	11,6%	7.500	-9.855	Erstattung	Gesundheitsdienste
100.000	180.000	17.355	9,6%	9.000	-8.355	Erstattung	Allg. Dienstleistungen
100.000	200.000	17.355	8,7%	10.000	-7.355	Erstattung	Handwerksberufe
100.000	300.000	17.355	5,8%	15.000	-2.355	Erstattung	Bauhandwerk
100.000	347.107	17.355	5,0%	17.355	0	Neutral	
100.000	500.000	17.355	3,5%	25.000	7.645	Zuzahlung	Handel
100.000	600.000	17.355	2,9%	30.000	12.645	Zuzahlung	Elektrotechnik
100.000	700.000	17.355	2,5%	35.000	17.645	Zuzahlung	Fahrzeugbau
100.000	800.000	17.355	2,2%	40.000	22.645	Zuzahlung	Pharma /Chemie
100.000	900.000	17.355	1,9%	45.000	27.645	Zuzahlung	Versicherungen
100.000	1.000.000	17.355	1,7%	50.000	32.645	Zuzahlung	Petrochemie/Energie
100.000	1.100.000	17.355	1,6%	55.000	37.645	Zuzahlung	Telekommunikation

Ermittlung der Mitarbeiterumsätze (s. S.134) auf der Basis von vier ausgewählten Branchen
Aus: Deutschland in Zahlen 2004
Verlag: Institut der Deutschen Wirtschaft (s. Lit.-Verz. Nr. 4)

4. Sozial (C)Kosten Harmonisierung „SCHarm"

früher: Unternehmen-Sozial-Lasten-Ausgleich   (USLA)
              (Pet 3-13-11-8200-064176   1. Eingabe 10.8.1998
              an den Bundestag) zuletzt am 6.4.01

Mein Vorschlag im Jahre 1998:

Der Arbeitgeber-Anteil zur Sozial-Versicherung wird allen perso-nalintensiven Unternehmen (untere 30 %) ersatzlos gestrichen und gleichzeitig kostenneutral den anderen Unternehmen mit hoher Personalproduktivität (obere 30 %) angelastet.

Dieser frühere erste Ansatz versuchte zwar, USLA mit einer hohen % - Zahl (ca. 20 %) die Wertschöpfung zu erfassen, jedoch im Grenzfall wird diese „0" sein, wenn Großkonzerne im Rahmen der internationalen Arbeitsteilung z.B. Teilbauteile (Motor) **unterhalb der Herstellungskosten** (Wer will das kontrollieren ?) exportieren und die **Gewinne daraus in anderen Ländern** entstehen.

Eher ist USLA mit einer niedrigen Quote umsetzbar, auch wenn in der Übergangszeit Produkte durch „Auslagerungen etc" mehrmals durch USLA erfasst werden.

Heutiger Vorschlag im Jahre 2006, gleiche Wirkungen wie der ´98-er Vorschlag, nur noch weniger Verwaltung.

„SCHarm" ist

- keine Maschinensteuer und auch
- keine Wertschöpfungsabgabe

„SCHarm" beinhaltet

- weiterhin „beitragsbezogene Ansprüche" für Arbeitnehmer und
- auch eine Verbesserung der Selbstverwaltung statt „Selbstbe-dienung" der Sozial-Versicherungsträger durch verstärkte Mitwirkung von kapitalstarken Grossunternehmen, die nun wegen der „höheren Sozial-Versicherungs-Abgaben" durch „kompetente" Vertreter verstärkten Einfluss auf die Verwal-tungskosten nehmen werden.
- auch die Zielsetzung, die „hohen Sozial-Versicherungs-Beiträge" zu reduzieren, bei gleichzeitiger Ablehnung der Ü-bernahme von „staatlichen Aufgaben" durch die Sozial-Versicherung.

„SCHarm" ist

- eine Unternehmer-Sozialabgaben-Ausgleichskasse, in der jeder Betrieb / Unternehmer / Vermieter / Kap.-Besitzer **ca. 5 %** *) oder einen nach Art der Einkünfte halbierten Satz von seiner Einnahme, bzw. vom Umsatz, bzw. vom bewegten Warenwert / Unternehmenswert bzw. von der bewegten Geldmenge, in diese Solidaritätskasse einzahlt.

- die Möglichkeit, dass **personalintensive Betriebe** (z.B. der gesamte Gesundheits-, Handwerks- und Dienstleistungsbereich), die bei einer Personalkostenquote von ca. 70 % des Umsatzes **heute mit 15 % vom Umsatz** mit AG-Anteilen belastet sind, auch **„nur" 5 %** vom Umsatz zahlen, sodass diese Neueinstellungen und Arbeitszeitreduzierungen finanzieren können.

- **volkswirtschaftlich kostenneutral** und greift auf bestehende Strukturen, wie derzeit die Bundesknappschaft (bundesweite Einzahlstelle für Mini Jobs) und den Strukturausgleichfonds der Krankenkassen zurück und erzeugt keine neue „Verwaltung".

- **auch ein gesetzliches Gebot,** diese Einnahmen nur für Krankheit, Arbeitslosigkeit, Rentenbezug und Pflege auszuzahlen

  und

- **ein gesetzliches Verbot,** diese Einnahmen für andere gesamtgesellschaftliche Aufgaben zu nutzen, wie Familienlastenausgleich, Gesundheitsprophylaxe, Umschulung und Weiterbildung, diese sind aus dem allg. Steuertopf zu finanzieren.

- ein **„Pleite - Verhinderer"**, wenn durch äußere Einflüsse des Marktes oder des Staates (Gemeinde) , wie z.B.

  Gesundheitsreformen in Arzt- und Physiotherapie-Praxen oder regionale Baustellen (U-Bahn) für andere Dienstleister die **Umsätze „wegbrechen"**, jedoch die Personalkosten aus Gründen des Arbeitsplatzschutzes (auch moralisch) unverändert bleiben.

- eine **„eierlegende Wollmilchsau",** die mehrere gesellschaftliche und soziale Probleme beseitigt.

*) Dieser „SCHarm"- % - Satz soll/ist der kostenneutrale Satz, der die gleichen Beitragseinnahmen erzeugt (s. auch Seite 54) .

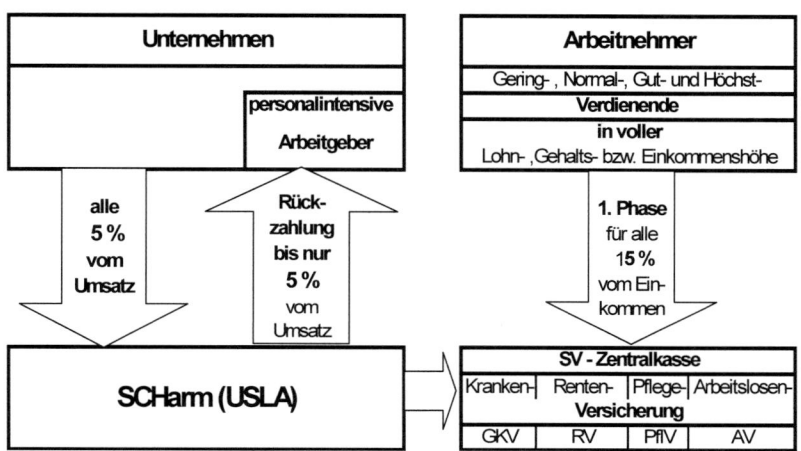

„SCHarm" ist zu klar und einfach, dass

- offensichtlich Unternehmer vor lauter Wald keine Bäume mehr sehen konnten.

- die Umsetzung fast unmöglich erscheint, weil bisher weder ein "SPD-Arbeitnehmer" oder "Gewerkschaftler" über Probleme von Arbeitgebern, noch ein CDU/FDP-Arbeitgeber (abgesehen von verbalen Bekenntnissen) über wirkliche soziale Probleme von Arbeitslosen nachgedacht hat und alle Politiker und Abgeordnete, die mehr "soziale Gerechtigkeit verbal fordern", dieses Modell auch umsetzen könnten, nun möglicherweise selbst davon belastet würden.

- die Umsetzung durch den Widerstand der Bürokratie in allen staatlichen Organisationen und halbstaatlichen „Körperschaften des öffentlichen Rechts" gehemmt werden wird:

  "So etwas vernichtet doch Arbeitsplätze in der
  Sozial-Bürokratie" oder "Warum kam ich nicht
  auf die Idee!" oder „Das Steuergeheimnis
  und/oder der Datenschutz steht dagegen".

- die Umsetzung am Widerstand der Unternehmen mit hoher Personalproduktivität scheitern kann: Unsinnige Verlagerungsdrohungen "ins Ausland", so als ob das, was bisher lohnend war, nicht bereits im Ausland untergebracht wäre oder "Investitionen lohnen nicht mehr", so als ob die Lohnhöhe immer nur ausschließlich der Motor für Erfindungen und Erneuerungen war.

> *Beim personalintensiven Mittelstand und den öffentlichen Dienstleistungen liegen die Chancen für neue Arbeitsplätze!*

Bei personalintensiven Unternehmen, d.h. bei Handwerksbetrieben, Kleinunternehmern und Dienstleistungserbringern, wie auch in öffentlichen Einrichtungen, wie Krankenhäuser, Pflegeheime, Kindergärten, Verwaltungen u.s.w. liegen die Chancen für neue Arbeitsplätze mit allen sozialpolitischen Folgen, sogar bei höheren Nettolöhnen!

> *Zum Wohle der Gesellschaft sollte auch das restliche Drittel der Bevölkerung, welches 2/3 des Bruttosozialproduktes erzeugt, sich solidarisch an den sozialen Lasten der Gesellschaft beteiligen.*

Selbst CDU- nahe Mittelstandsorganisationen werben damit, dass im Mittelstand 2/3 der Arbeitnehmer in arbeitsintensiver Weise 1/3 des Bruttosozialproduktes erzeugen.

Verständlicher würde dieses, wenn deutlicher gesagt würde, dass nur 1/3 aller erzeugten Dienstleistungen und Güter zur sozialen Sicherheit der Bevölkerung herangezogen werden, die auch noch Zusatzlasten in Form versicherungsfremder Leistungen (ich unterstelle, dass diese bekannt sind) schultern müssen, die im Grunde über Steuern zu finanzieren sind.

Die Auswirkungen (= Gesamtgesellschaftliche Vorteile):

1. Weniger Staat, die Selbstverwaltung zwischen Arbeitgeber und Arbeitnehmer, wie auch die beitrags- bzw. leistungsbezogene Rente (Arbeitnehmeranteil x 2) bleiben erhalten.

2. Weniger betriebliche und öffentliche Verwaltung – klare Abgabenregelung an nur eine Sozial-Versicherung -Sammelstelle.

3. Die Selbstverwaltung wird verstärkt durch Mitarbeit der Unternehmen mit hoher Personalproduktivität und wird eine Verringerung der Sozialversicherungslasten bewirken (die bisherigen Sozialwahlen sind dann keine Farce mehr, sondern die v. g. Unternehmen werden verstärkt hochqualifizierte MA in die Aufsichtsgremien der Sozial-Versicherungen hineinwählen).

4. Unternehmen mit hoher Personalproduktivität (Roboter, Computer etc.) und hohen Exportquoten werden verstärkt an den innerstaatlichen Sozialkosten beteiligt.

5. Es lohnt sich nicht für Unternehmen mit hoher Personalproduktivität, weiteres Personal abzubauen oder personalintensive Betriebsbereiche auszugliedern, da sonst der AG-Anteil steigt.

6. Integration früher ausgegliederter „Ein-Mann-Unternehmen" zur Reduzierung der später als zu hoch empfundenen SCHarm - % - Anteile, im Verhältnis zu den früher geringen Arbeitgeber-Anteilen (Brutto Lohn wird nicht mehr zusätzlich durch Arbeitgeber-Sozialversicherungs-Anteile erhöht).

7. 400-€-Jobs werden zur Reduzierung des als zu hoch empfundenen „SCHarm"- % - Anteils wieder als sozialversicherungspflichtige Beschäftigung betrachtet (warum soll man darauf 30 %) zahlen, wenn ich sowieso mit 5 % vom Umsatz dabei bin?).

8. Schwarzarbeit sowohl bei Arbeitgebern und Unternehmern zur Vermeidung von Mehrwertsteuern und Sozial-Abgaben wird uninteressant, weil sonst die anderen Einkünfte zu hoch belastet würden.

9. Einstellung von Neupersonal wird für personalintensive Unternehmen nicht mehr zum wirtschaftlichen Harakiri.

10. Wenig qualifizierte Tätigkeiten müssen nicht in Niedrig-Lohngruppen geführt werden, es lohnt sich auch für Wein- und Spargelbauer, Personen höher zu bezahlen (da der AG-Anteil wegfällt, bzw. in dem zu zahlenden „SCHarm" - % - Anteil enthalten ist).

11. Der derzeitige Export und Reimport von lohnintensiven Halbprodukten (Kartoffeln, Schweinehälften etc.), deren Weiterverarbeitung nur eine "geringe Qualifikation" erfordert, wird reduziert und schafft so im Inland Arbeitsplätze und entlastet zusätzlich den Fernverkehr.

12. Für den unmittelbaren Erzeuger von Gütern (Obst, Spargel, Handwerksleistungen) ist der „Direkt-Verkauf" nun lohnender.

13. Möglicherweise müssen inländische Seeleute nicht mehr in Panama anheuern, wenn diese auf einem inländischen Frachter fahren wollen.

14. „SCHarm" eröffnet auch Privathaushalten die Möglichkeit, ihre Sozial-Versicherung- Kosten durch sozialversicherungspflichtige Personaleinstellungen zu reduzieren (ab Stufe 3).

15. „SCHarm" vermeidet derzeitige Marktverzerrungen, die durch eine geringe Entlohnung (= geringe Sozial-Versicherungs-Beiträge) von mitarbeitenden Gesellschaftern mit hohen Gesellschaftsbeteiligungen entstanden sind (ab Stufe 3).

16. Der jetzige Trend wird vollkommen umgekehrt:
Nicht mehr Umgehung/Vermeidung von Personalkosten und
Automation um jeden Preis ist angesagt, sondern Sozial-
Versicherung- pflichtige Beschäftigungen einzugehen oder zu
schaffen, denn Roboter und Computer brauchen keine Waren

> *Fortschritt kann nur Fortschritt bedeuten, wenn dieser
> sozialen Fortschritt und Wohlstand für alle
> als Ziel verfolgt).*

Seien Sie sicher, dass die anteilige 16 % -ige Entlastung bei personalintensiven Arbeitgebern, flankiert durch eine weitere Absenkung
der unteren Steuersätze, jede Menge Arbeitsplätze schaffen wird.

Darüber hinaus wird durch die Entlastung der Arbeitslosenversiche-
rung und der sonstigen Sozialhaushalte, der Reduzierung von öffentlichen Belastungen, die durch „selbstgestaltete Umverteilung"
(Kriminalität, Steuerhinterziehung, Schwarzarbeit etc.) entstanden
sind und durch die Zusatzeinnahmen durch die Lohnsteuern, die von
diesen "neuen Arbeitnehmern" gezahlt werden insgesamt ein
volkswirtschaftliches Plus herauskommen.

Experten sprechen von

100.000 neuen Arbeitsplätzen pro % - Punkt.

Das „SCHarm"-Modell in der Endphase:

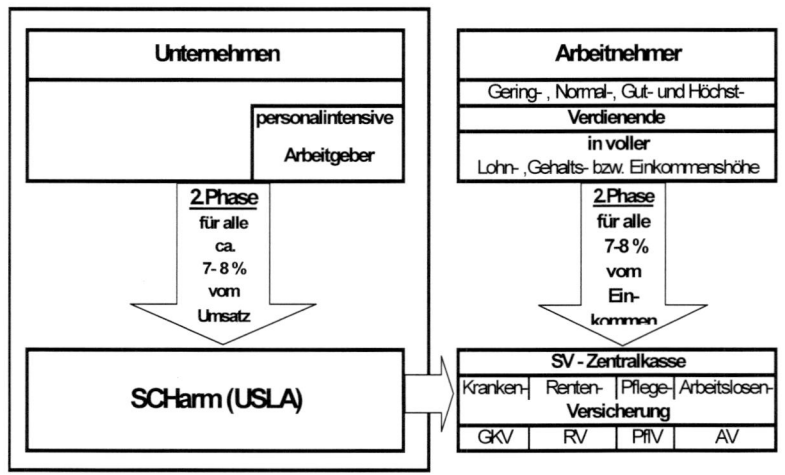

5. Berechnungsmodell „SCHarm"

als fiktives Beispiel + vier ausgewählte Branchen)

Es handelt sich bei der unteren Tabelle um angenommene Werte, deren jeweilige exakte Größe bereits mehrfach den Sozialversicherungsstellen (Lohnsumme für die Berufsgenossenschaft) oder den Finanzämtern (Gesamtumsatz) bekannt ist.

Die heutige statistische Erfassung über das „Bruttoinlandsprodukt" bei Mehrfach-Berücksichtigung von Soziallasten innerhalb der Sozial-Verwaltung, welche selbst über diese Soziallasten finanziert wird, bläht die statistischen Summen auf, so dass vom Grundsatz her der „produktiv" erzeugte Anteil für den SCHarm – Beitrag vorerst auf einer den Statistiken entsprechenden Schätzung beruht.

Die genannten 5 % sind im Grunde 5 % des Bruttosozialproduktes (BSP) und entsprechen dem derzeitigen halben %-Satz der Soziallasten im Verhältnis zum BSP (lt. neuster Statistik 11,0 % vom BSP), denkbar ist auch eine Summe von 4 % oder 6 %, d.h. dieser Satz ist jährlich je nach Finanzierungsbedarf veränderbar und hat gleichzeitig die „Tobinsteuer" real umgesetzt, ohne sie zu benennen.

5.1. Mitarbeiterumsatz in € (vier ausgewählten Branchen)

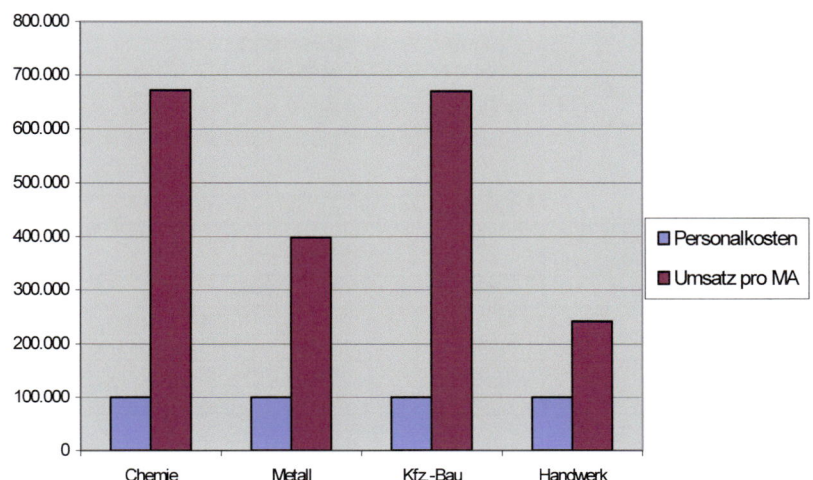

5.2. Gezahlte Sozial-Versicherungs-Beiträge in €

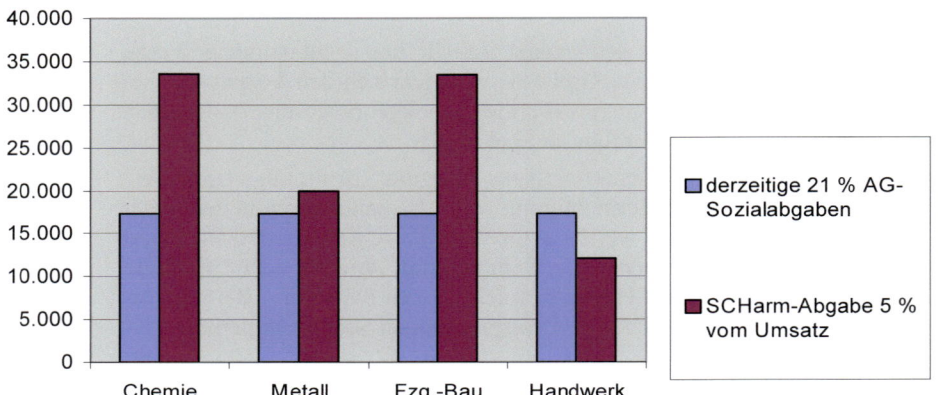

5.3. Tabelle Vergleich - Wirtschaftsbereiche (vier ausgewählte Branchen)

Basisdaten zur Ermittlung des Arbeitgeberanteils

	Personal-kosten in €	Umsatz (Mitarbeiter in €	
Chemie	43.700	293.800	1*)
Metall	33.800	134.600	2*)
Fzg.-Bau	44.300	296.700	3*)
Handwerk	33.229	80.541	4*)

*) **Aus: "Deutschland in Zahlen 2004"**
  Verlag: Institut der Deutschen Wirtschaft

1*) Umsätze/Kosten je Beschäftigten aus 3.7
2*) Kennzahlen 2003, Seite 34
3*)
4*) Umsätze je Beschäftigten aus 3.10 Handwerk, Seite 37
4*) Lohnkosten je AN aus 5.1, Arbeitskosten, Seite 46

	Personal-kosten in €	Umsatz (Mitarbeiter in €	Arbeitgeber-Anteil zur Soz.- Versicherung					Ver-änderung des AG-SV Anteils
			Alt 21%	z.Z. vom Umsatz	SCHarm 5%	Differenz	Folge	
Chemie	100.000	672.311	17.355	2,6%	33.616	16.260	Zuzahlung	94%
Metall	100.000	398.225	17.355	4,4%	19.911	2.556	fast neutral	15%
Fzg.-Bau	100.000	669.752	17.355	2,6%	33.488	16.132	Zuzahlung	93%
Handwerk	100.000	242.382	17.355	7,2%	12.119	-5.236	Erstattung	-30%

5.4. Folgen

Das Handwerk hat ca. 30 % geringere Arbeitgeber-Soziallasten, die Metall-Branche liegt nahezu unverändert, der Kfz-Bau und die Chemie-Branche werden verstärkt zu den Sozial-Lasten der Gesellschaft herangezogen.

Die zuvor geschilderten Wirkungen von „SCHarm" kommen voll zum Tragen.

Eine weitere Folge ist, dass innerhalb des derzeitigen Systems der **Beitragsbemessung nach der Lohnhöhe** jede Umsatzveränderung, ob durch neue Gesetze, Straßenbaumaßnahmen (s. U-Bahn-Bau) für „örtlich tätige" Kleinunternehmer oder schlichte Marktanpassung durch vermehrte Konkurrenz, entweder zur Arbeitsplatzvernichtung oder zur Pleite führt.

Mit dem „SCHarm"-Modell werden zwar Arbeitsplatzvernichtungen oder Pleiten nicht grundsätzlich verhindert, jedoch bei umsatzabhängigen Soziallasten tritt der zuvor beschriebene Effekt erst viel später ein, d.h. selbst bei einem 25 %-igen Umsatzrückgang sind noch Überschüsse vorhanden und sogar 5 % höhere Nettolöhne zahlbar.

Die Folgen verdeutlichen sich im einem Vergleich (= **Pleite-Verhinderung**), wenn durch Einflüsse des Gesetzgebers (Staat, Gemeinde) oder durch den Markt, keine schnelle Anpassung möglich ist, wie z.B.:

- Gesundheitsreformen in Arzt- und Physiotherapie-Praxen
- regionale Baustellen (U-Bahn) für andere Dienstleister

nun die Umsätze „wegbrechen", jedoch die Personalkosten aus Gründen des Arbeitsplatzschutzes (auch moralisch) unverändert bleiben.

Im nachstehenden Beispiel wird lediglich die 1. Stufe einer derartigen Reform aufgezeigt, d. h. lediglich die Arbeitgeberanteile sind nach dem „SCHarm"- Modell festgesetzt.

Wenn nach einer Berücksichtigung aller Einkünfte eine Steuerpflichtigen ebenfalls die Sozialabgaben nach dem „SCHarm"-Modell berücksichtigt werden, kann dieser „Überlebenseffekt" durch eine Steuerreform auch noch gesteigert werden.

Ein Beispiel , weches für viele Branchen mit personalintensiven Kleinbetrieben zutrifft.					Umsatz- Rückgang um 20 %			
Vergleich (ohne Urlauskosten etc)	**Derzeitig**		mit "SCHarm"		**Derzeitig**		mit "SCHarm"	
Arbeitgeber-Soziallasten	23% auf Löhne		5% vom Umsatz		23% auf Löhne		5% vom Umsatz	
Brutto-Umsatz		10.000,00 €		10.000,00 €		8.000,00 €		8.000,00 €
Mw-Steuer	19%	-1.597	19%	-1.597	19%	-1.277	19%	-1.277
Fix-Kosten (Mieten, etc)		-1.000		-1.000		-1.000		-1.000
Materialeinsatz vom Umsatz	10%	-1.000	10%	-1.000	10%	-800	10%	-800
MwSt-Erstattung	19%	319	19%	319	19%	287	19%	287
Kosten - AfA		-500		-500		-500		-500
Arbeitgeber - "SCHarm-Satz"			5%	-500			5%	-400
Überschuss ohne Pers.-Kosten		**6.223**		**5.723**		**4.710**		**4.310**
Brutto-Pers.-Gehälter von		-5.000		-4.576		-5.000		-4.576
Arbeitgeber - Soziallasten	23%	-1.150	2%	-92	23%	-1.150	2%	-92
Arbeitnehmer-Anteil zur SV	21%	-1.050	21%	-961	21%	-1.050	21%	-961
Mitarbeiter Lohnsteuer	25%	-1.250	20%	-915	25%	-1.250	20%	-915
Personal-Nettozahlung		**-2.700**		**-2.700**		**-2.700**		**-2.700**
Gesamtpersonal-Kosten		**-6.150**		**-4.668**		**-6.150**		**-4.668**
Zu verst. Überschuss in €		73		1.055		-1.440		-357
Unternehmer Ek-Steuer	25%	-18	30%	-317	0%	0	0%	0
AfA- Hinzu		500		500		500		500
Überschuss in €		**555**		**1.239**		**-940**		**143**
Abgabe vom Umsatz		-7.245		-6.562		-6.740		-5.658
Staatsquote vom Umsatz		**72,5%**		**65,6%**		**84,2%**		**70,7%**
Zuschläge auf **Netto-Löhne**		3.450		1.968		3.450		1.968
Staatsquote auf Netto-Löhne		**127,8%**		**72,9%**		**127,8%**		**72,9%**

Obwohl gleiche Löhne gezahlt werden, kann nach dem „SCHarm"-Modell ein personalintensives Kleinunternehmen (Praxen, Kleinhändler (Metzger, Bäcker u.s.w.) einen sonst existenzgefährdenden 20 - % - igen Umsatzrückgang verkraften ohne gleichzeitig Personal zu entlassen.

Die „Mini-Job-Lösung" ist wohl keine ernsthafte Alternative !

Bemerkenswert ist die Steigerung der prozentualen Staatsquote vom Umsatz von 72,5 % auf 84,2 % bei der derzeitigen Gesetzeslage, welche ausschließlich auf diese „Sondersteuer" auf Arbeitsplätze zurückzuführen ist, **die noch nicht einmal bei entstehenden Verlusten erstattet wird.**

Jeder kapitalintensive Großkonzern würde bei eine derartigen Abgabenquote aufschreien.

6. Die Umsetzung

1. Stufe:

Ein **Konjunkturprogramm** (Laufzeit: 1 Jahr) zur Schaffung von Arbeitsplätzen zumindest für alle Betriebe, die **neue Arbeitsplätze** schaffen, durch den **Verzicht** der Arbeitgeber-Sozial-Versicherungs-Beiträge (werden über **ERP-Kredite** finanziert).

2. Stufe (1 Jahr später):

Ein Jahr Vorlaufzeit zur Entwicklung und Umstrukturierung der notwendigen betrieblichen und verwaltungstechnischen Organisationen.

Die Sozial (C) Lasten Harmonisierung ("SCHarm")

ist per Gesetz für alle privatwirtschaftlich tätigen Unternehmen (ausgenommen der öffentliche Dienst, sonst wird dieser noch größer) durchzusetzen.

3. Stufe (zwei Jahre später) :

Private Gesamteinkünfte

Reale Einnahmen aus anderen Erträgen wie sonstige Arbeit, Boden und/oder Kapital bei Anrechnung bisher gezahlten Sozial-Versicherungs- und ähnlichen Beiträgen und /oder Beamtenbezügen, werden ebenfalls mit „SCHarm" belastet - wie bei den Unternehmen - mit ca. 5 % *) oder einem nach Art der Einkünfte halbierten Satz.

*)   Dieser „SCHarm"- %-Satz soll/ist der kostenneutrale Satz, der die gleichen Beitragseinnahmen für die Sozialversicherungen erzeugt.

Bei Berücksichtigung, dass diese „personalintensiven" Organisationen durch das „SCHarm"- Modell **geringere Personal-Gesamtkosten** - bei **gleichen Netto**-Lohn- /Gehaltszahlungen - haben werden und dadurch erhebliche Personalkosten einsparen, können diese Organisationen (Krankenkassen, -häuser etc.) ohne Beitragserhöhungen für eine Qualitätsverbesserung sorgen und den gesetzlichen Auftrag: „Humanität in der Versorgung" gerecht werden.

Nach einer Konsolidierung, d.h. **Verringerung** der Verwaltungskosten auf betriebswirtschaftlich **„übliche"** Umsatzanteile und sachgerechtere Entlohnung der unmittelbar an den Versicherten arbeitenden Dienstleistenden (Ärzte, Pfleger, Therapeuten), kann durch eine Erhöhung um 1-2 % das Leistungsangebot verbessert werden (höhere Rentenzahlung, bessere Krankenversorgung / Pflegeversorgung durch Vermeidung von Personalüberlastungen und Wartezeiten u.s.w.).

7. Zukunftsaussichten

Als Ingenieur hatte ich noch 1967 geglaubt, dass unter „technischem Fortschritt" auch „sozialer Fortschritt" gemeint ist und der Mehrwert auch der Arbeiterschaft, allen Arbeitnehmern zugute kommt.

Bis 1971 hatte ich geglaubt, dass „Roboter und Computer" den Menschen von der „Fronarbeit" und von „stupiden Routinearbeiten" befreien werden.

Mit der Befreiung von „stupiden Arbeiten" wurde ich bestätigt. Der Rest: **Ein großer Irrtum oder nur „nicht wahrgenommene Chancen"?**

Anmerkung:
Sie können jede industrielle Maschinenproduktion ob Käse oder Wurstwaren im Bereich der **Lebensmittelerzeugung, Lederwaren,** etc. im Bereich des produzierenden Handwerks oder **automatisierte Dienstleistungen** wie Fahrkartenverkauf und –kontrolle mit den persönlich erbrachten Handwerks- oder Dienstleistungen in gleicher Weise wie im nachstehenden Beispiel vergleichen.

Mit „SCHarm" werden auch diese Tätigkeiten konkurrenzfähig.

7.1. Gläserne Roboter-Autofabrik

(hier nur zur Vereinfachung: ein „**Getriebewerk**").

An einem praktischen Beispiel, welches auf viele andere Situationen zu übertragen ist, sollen die Folgen von SCHarm verdeutlicht werden:

Technisch-kaufmännische Problemstellung:
Erneuerung contra Instandsetzung von PKW-Getrieben

Die derzeitig „angenommene" höhere Wirtschaftlichkeit von Roboterfabriken ist ausschließlich dadurch entstanden, dass „alle gesellschaftlichen Lasten" dem Produktions-Faktor „Arbeit" aufgebürdet werden, die Nebenkosten wie Umweltbelastung und/oder Arbeitslosigkeit sind nicht berücksichtigt.

Diese werden dem in anderen Bereichen stattfindenden „Dienstleistungen" und „Handwerksleistungen" aufgebürdet.

Nicht genug, dass heute die „Erwerbsarbeit" in Konkurrenz zu „Robotern und Computern" steht, die Erwerbsarbeit muss auch noch mit dieser Art der "**Wettbewerbsverzerrung**" fertig werden.

A = Vollautomatische Roboter - Getriebeproduktion

B = Instandsetzung von Getriebe mit einer umweltschonenden Erneuerung von Verschleißteilen

Zahlen "A" und "B"	Derzeitiger Zustand			"SCHarm"-Modell	
Stückkosten in €		"A"	"B"	"A"	"B"
Materialeinsatz		500,00 €	100,00 €	500,00 €	100,00 €
Maschineneinsatz		500,00 €	100,00 €	500,00 €	100,00 €
Personal-Bruttoeinsatz (ohne AG-Anteil SV)		100,00 €	800,00 €	100,00 €	800,00 €
Herstellungskosten ohne Sozial-Lasten		**1.100,00 €**	**1.000,00 €**	**1.100,00 €**	**1.000,00 €**
Arbeitgeber Soziallasten auf Personalkosten	23% → 23,00 € / 5%	23,00 €	184,00 €	55,00 €	50,00 €
Vergleich der Herstellungskosten		**1.123,00 €**	**1.184,00 €**	**1.155,00 €**	**1.050,00 €**

Die **derzeitige Situation** ist aus v. g. Zahlenbeispiel (Mitte) ablesbar:

- Eine Produktion wie unter „B" dargestellt – obwohl sie in mehrfacher Hinsicht volkswirtschaftlich sinnvoll ist und die realen Produktionskosten sogar 100 € niedriger sind – ist **allein durch** den Arbeitgeber-Sozialversicherungs -Zuschlag **nicht wettbewerbsfähig**.
- Diese Produktion wird ausgelagert oder eingestellt, bzw. durch Roboter „A" erledigt, weil **61,00 €** kostengünstiger.
  - Zwar sind die Sozialkosten unter „B" „angenommen", jedoch „ kommt tatsächlich überhaupt nichts rein".

Im Gegenteil: „Arbeitslose" und „Hartz IV"- Empfänger müssen finanziert werden.

Bei einer **Produktion** nach dem **„SCHarm"-Modell** (Zahlenbeispiel (rechts)**:**

- Produktion unter „B" ist wieder wettbewerbsfähig, der „Mittelstand" kann jubeln, die Gesellschaft auch, denn „gering Qualifizierte" können einen Arbeitsplatz erhalten, Soziallasten sinken nicht nur, sondern es kommt Geld in die Sozial-Kassen.
- Lediglich die Produktion nach „A" wird etwas teurer, hier im Beispiel: Statt Herstellungskosten von 1.123,00 € nun 1.155,00 € = **32,00 €**. Die Großkonzerne müssen sich dem Wettbewerb stellen und ggf. statt Preiserhöhung nun auf etwas Gewinn verzichten.

Tatsächlich würde bei einer „gleichmäßigen Belastung mit Sozialaufgaben" auf den „Erzeugerpreis" in arbeitsplatzschaffender und umweltschonender Weise die „manuelle Instandsetzung" **auch ohne „Niedrigstlöhne" wirtschaftlich** sein.

Die „instandgesetzten Getriebe" ständen nicht in einer verzerrter Weise in Konkurrenz zu „neuen Roboter-Getrieben".

Ein „Hochtechnik-Land" würde nicht zusammenbrechen, wenn nun ein „Roboter-Getriebe" geringfügig teurer produziert werden würde (möglicherweise würde der hier nicht berücksichtigte Gewinnzuschlag bei der „Roboter-Fabrik" um 50 € reduziert werden müssen).

Wenn mit dem Begriff „marktwirtschaft- und volkswirtschaftlich **schädliche Wettbewerbsverzerrung"** oder „Soziallasten auch für kapitalintensive Unternehmen (Roboterfabriken)" argumentiert wird, werden selbst konservative Unternehmer zustimmen!

7.2. Schwarzentlohnung

Zum besseren Verständnis der Schwarzentlohnung (s. S. 99 und 115) wird in einem Beispiel, statt in € in DM (weil realitätsnäher und identisch mit %-Sätzen), der wirtschaftliche (Geld-) Vorteil durch Schwarzentlohnung (**SE**) dargestellt, wobei deutlich wird, dass bei „SCHarm" die Motivation zur Schwarzentlohnung abnimmt und bei einer Erhöhung des arbeitgeberseitigen Spitzensteuersatz vollkommen unwirtschaftlich wird.

- *) Zum besseren Verständnis wurden in der nächsten Tabelle die Werte in DM berücksichtigt, weil diese auch den ungefähren %-Werten entsprechen.

Arbeitnehmer: statt 21,60 DM = 11,04 € nun 25,00 DM = 12,78 €

Arbeitgeber: statt 26,13 DM = 13,35 € nun 41,32 DM = 21,12 €

Vergleich (ohne Urlauskosten etc)	Art	Derzeitiger Ist-Zustand				Zukünftig mit "SCHarm"			
AN = Arbeitnehmer / AG = Arbeitgeber / SE= Schwarzentlohnung		Legal in % Anteil	bzw. DM	Schwarz in % Anteil	bzw. DM	Legal in % Anteil	bzw. DM	Schwarz in % Anteil	bzw. DM
Brutto-Umsatz			100,00		100,00		63,50		63,50
Mw-Steuer		19%	-15,97	19%	-15,97	19%	-10,14	19%	-10,14
Arbeitgeber - "SCHarm-Satz"						5%	-3,18	5%	-3,18
Verkaufte Arb.-h -Zuschlag		71%	84,03		84,03	71%	50,19		50,19
Brutto-Pers.-Gehälter von			-40,00				-28,80		
Arbeitgeber - Sozialasten		23%	-9,20	23%		2%	-0,58		0,00
Arbeitnehmer-Anteil zur SV		21%	-8,40	21%		5%	-1,44		0,00
Mitarbeiter Lohnsteuer		25%	-10,00	25%		20%	-5,76		0,00
Personal-Nettozahlung			-21,60		-25,00		-21,60		-25,00
Personal-Gesamt-Kosten			-49,20		-25,00		-29,38		-25,00
Zu verst. Überschuss in €			34,83		59,03		20,81		25,19
Unternehmer Ek-Steuer		25%	-8,71	30%	-17,71	20%	-4,16	25%	-6,30
Überschuss in €			26,13		41,32		16,65		18,89
Abgabe vom Umsatz			-52,27		-33,68		-25,25		-19,61
Staatsquote vom Umsatz			52,3%		33,7%		39,8%		30,9%
Zuschläge auf **Netto-Löhne**			27,60		0,00		7,78		0,00
Staatsquote auf Netto-Löhne			127,8%		0,0%		36,0%		0,0%

AN muss für eine gekaufte Arb.-h 4,6 4,0 2,9 2,5

x solange arbeiten.

Umrechnung in €

Erhöhung durch SE	AN-Netto	16%	1,74 €	16%	1,74 €
Erhöhung durch SE	AG-Privat netto	58%	7,77 €	13%	1,15 €

In der bisherigen Schwarzarbeit bzw. -entlohnung liegt auch wirtschaftliche Logik.

Das Maximal-Prinzip: Höchstmögliches Ergebnis bei fixiertem Einsatz

Warum soll ein **Arbeitnehmer (AN)** mit **11,04 €** zufrieden sein, wenn auch **12,78 € Lohn möglich sind** bzw. ein **Arbeitgeber (AG)** mit **13,35 €** Überschuss, wenn für den gleichen Einsatz nun **21,12 €** Überschuss möglich sind?

> *Die Großen machen es vor:*
> *Sie gehen ins „Steuerparadies".*

7.3. Empfehlung

Diese Beispiele sollten genügen,

damit endlich jeder Einzelne über seine Abgeordneten /Parteifreunde / etc. die Gestaltung der „sozialen Gesellschaft" – hier: SCHarm - selbst in die Hand nimmt (s. Vorbemerkung zu diesem Teil III.) und

• die notwendigen Entscheidungen /Veränderungen **nicht** den Ministerialen oder **irgendwelchen** „Lobbygruppen der Konzerne" überlässt.

PS: Noch eine Frage für „Ihre" Abgeordneten:

Wo ist übrigens der Vorschlag zur Absenkung der Diäten ?

Bei der Festlegung der Diäten erfolgte sicherlich die Basis „Netto". Nun haben die Beamten und Abgeordneten nach einer Steuersenkung zwischen 2001 und 2006 noch 5 % mehr.

IV. Teil: Zukunftsfähigkeit – Nur eine Vision ?

Eine der Grundbedingungen die Zukunft auf demokratischem Wege umzugestalten ist das Wissen über die Verflechtung von Politik und Interessengruppen, d. h. das Offenlegen aller Verbindungen von Personen der Legislative zu Gruppierungen, die von neuen Gesetzen betroffen sind oder auch der Ausschluss von Personen der Legislative an diesen Entscheidungsprozessen.

1. Der gläserne Abgeordnete

Dieses Kapitel soll kein Angriff auf die Abgeordneten sein, denn ich machte die Erfahrung, dass die **„normalen" Abgeordneten** durchaus die geschilderten Probleme als solche erkannten, ja sogar dankbar diese „endlich praxisnahen" Problemschilderungen aufnahmen, nur diese notwendigen Änderungen „systemkonform" umzusetzen, „stößt auf den erbitterten Widerstand" des vorhandenen „Mandarin-Systems".

Wie viele Organisationen und Gutachter vom „System" den Abgeordneten präsentiert werden, mag an einem kleinen Beispiel einer Gesetzesänderung „GMG" (=Gesundheits-Modernisierungsgesetz) aus dem Jahre 2003 verdeutlicht werden, Auszug aus Bundestagsdrucksache 15/1600, Seite 4-7:

- **7**   Bundestags-Ausschüsse
- **136**   Organisationen /Vereine und
- **44**   Gutachter

waren in mehrtägigen Sitzungen mit diesen Gesetzentwürfen beschäftigt.

(Die Bundestagsdrucksachen sind unter: "**www.bundestag.de**"   , allgemein zugänglich)

Verständnis kann ich dafür entwickeln, dass in Rahmen der volkswirtschaftlich notwendigen Überprüfung andere Politikfelder betroffen sind, hier die Notwendigkeit der anderen Bundestagsausschüsse.

Es ist jedoch eine **Ressourcenverschwendung** „pur", wenn sich diese Abgeordneten nun innerhalb der „Anhörungen" mit 136 undemokratisch zusammengesetzten „Lobbygruppen" und 44 Gutachtern auseinandersetzen müssen.

Hier wird **den Abgeordneten die Zeit gestohlen** und seitenlange, im „Ministerial-System" entstandene und mehrfach nach Einfluss der Lobbygruppen geänderte **unverständliche Gesetzestexte**, dem

Bürger, dem Patienten und den Leistungserbringern präsentiert, die diese unverzüglich zu beachten haben.

Wegen der **mehrdeutigen Interpretation** („Fortbestand der Rechtsunsicherheit") stellen diese Gesetzestexte für andere Teile des „Mandarin-Systems" eine Arbeitsbeschaffungsmaßnahme dar, die eine auch verwaltungsseitig notwendige Umsetzung frühestens in 5 Jahren ermöglicht.

Die beste Lösung für das Mandarin System: „Alles bleibt beim Alten".

In der etwas „karikierenden" Darstellung der Volkswirtschaft wurde fast belustigend die „übertragene Darstellung" festgestellt:

„Am Lenkrad sitzt die Politik".

Nun sollte ein Fahrer und auch die anderen Betroffenen schon wissen, was er für eine Funktion hat: Ist dieser ein Testfahrer, der die Reifen oder den Motor testet und letztendlich im Kreis fährt oder nur ein Sonntagsfahrer der ziellos durch die Gegend fährt?

Unter „Politik" sind in diesem Beispiel die Spitzen der Abgeordneten und Parteipolitiker zu verstehen, denn tatsächlich ist das Feld der Politik unendlich groß, weil alles, was noch nicht gesellschaftlich geregelt ist, der Politik und seinen Politikfeldern zuzuordnen ist.

Übertragen auf die Politiker in den Parlamenten sollte man zumindest wissen, wessen Interessen dieser vertritt, d. h. der „gläserne Abgeordnete" ist eine sachlogische Folge einer analytischen Betrachtungsweise.

> *Eine analytischen Betrachtungsweise bedingt für die* ***Fahrer der Volkswirtschaft****, wenn schon keinen Führerschein, dann zumindest die* ***Offenlegung*** *der jeweiligen Interessen, den „gläserne Mandatsträger (Abgeordneten)" und selbstverständlich auch den gläsernen politischen Beamten (Minister).*

Es geht hier lediglich um Offenlegung, nicht um ein Verbot oder eine Einschränkung.

Wenn der Bürger, die Wähler und / oder die Parteimitglieder einen nur halbtagsbeschäftigten, mehrfach in Aufsichtsräten vertretenen Spitzenlobbyisten als ihre Vertretung im Parlament haben möchten, so sollte das **ihr gutes demokratisches Recht** sein.

Auch ich würde mich lieber **halbtags** vom sechsfachen Formel I-Weltmeister **chauffieren** lassen als ganztags durch jemanden, der nicht die Verkehrregeln kennt und jegliches Fahrgefühl vermissen lässt.

Denkbar ist zur Qualitätsverbesserung auch ein stundenweiser Einsatz dieser Halbbeschäftigten als Fahrlehrer für die anderen Chauffeure.

Eine Möglichkeit zur Schaffung des „gläsernen Abgeordneten" kann **derzeit unmöglich** durch die Parteien, durch das Parlament herbeigeführt werden, es wäre wie die Erwartung einer „Selbstkastration".

Frösche legen keinen Teich trocken.

Herrschaaren an Juristen werden Tausende von Gründen dagegen finden, entweder weil verfassungswidrig oder ein Eingriff in die Persönlichkeitsrechte u. s. w.

Hier ist das: „Wir sind das Volk", gefordert.

Vorschlag:

In **Aktionsbündnissen** vieler nichtstaatlicher Organisationen oder Zweckvereine nur zur Schaffung dieses Zustands, in Form vom „Zertifikaten" oder einem „Qualitätssiegel":

„Ich bin ein gläserner Abgeordneter/Kandidat"

Dieses Siegel bekommt **jeder Kandidat irgendeiner Partei**, wenn er seine Nebentätigkeiten offenbart und sich **„moralisch verpflichtet"** einen überparteilichen Gesetzentwurf und deren Annahme zu unterstützen:

„Die Abgeordneten des Bundes-/ Land-/ Kreistages sind mit Annahme des Mandates verpflichtet, alle Einkünfte, deren Zustandekommen und Beraterverträge sowie alle beruflichen und privaten Verbindungen jedermann zugänglich zu machen."

(ggf,. ich bin kein Radikaler):

„Die Höhe der Bezüge (Vergütungen/Einkommen) aus diesen Aktivitäten wird innerhalb des Parlamentes offengelegt." (Anm.: teilweise bereits umgesetzt)

Radikal wäre jedoch der Ansatz, dass es im Rahmen der Gewaltenteilung nun Mitgliedern der Legislative verbietet, auch Mitglied der Exekutive oder Judikative zu sein oder im Umkehrschluss:

Mitglieder der Judikative (Rechtsanwälte, Richter) und der Exekutive (Beamte und Angestellte des öffentlichen Dienstes bzw. von Körperschaften des öffentlichen Rechtes) können keine Abgeordneten des Bundestages oder eines Landtages sein.

Da niemand gezwungen wird, Abgeordneter zu werden, d.h. ein Staatsdiener wird zum Gesetzgeber, ist auch Nachstehendes denkbar:

„Quittierung des Dienstes ist die Konsequenz bei der Wahlannahme".

Ein **beruflicher Wiedereinstieg** im Falle einer erfolgten „Nicht-wiederwahl" ist sowieso schon bestens durch „**Übergangsrege-lungen**" möglich.

Das „**StAbi**"- **Modell**, eröffnet hervorragende Möglichkeiten der Gestaltung eines neuen Lebensabschnittes im Sinne einer „lebenslangen Weiterbildung".

Anmerkungen

Zukunftsfähigkeit heißt aber auch sich geschichtsbewusst mit der Politik und dem Handeln der Politiker , insbesondere in jüngerer Zeit, auseinander zu setzen, nach dem Motto: „**Wem nutze diese Aktion!**"

Einige Parabeln, die Sie selbst zuordnen, jedoch niemals irgendetwas finden werden, was einen nachzuweisenden Realitätsbezug herstellen könnte. Des Autors und Ihrer Fantasie sind keine Grenzen gesetzt.

A Die Parabel vom alleingelassenen Politiker

Auf dem Gipfel der seit Jahrzehnten angestrebten Machtposition an-gekommen, wird ihm auf einem Empfang, bei einem Gläschen Sekt in der Hand, von einem vermögenden Spitzenbürger angedeutet: „Das mit der Unverteilung und der Erbschaftsteuer, das lassen Sie mal. Der Wahlkampf ist doch vorbei."

„Wieso?"

„Meine Freunde lassen sich nicht 20 Mrd. stehlen ! Hatten Sie nicht schon mal eine Wahlkampfverletzung ? Haben Sie nicht Familie ? Sie sind doch jetzt fast das, was Sie immer sein wollten !"

Spitzenparteifreund „Nebenbuhler", dem von diesem Gespräch erzählt wurde und hinzugezogener Spitzenparteifreund „Polizeichef": „So etwas kann gar nicht sein ! Du machst Dich nur wichtig ! Du willst für Deine Familie und Dich einen Polizeischutz rund um die Uhr ? Mach Dich doch nicht lächerlich ! Wir brauchen vor Nichts und Niemanden Angst zu haben. Es sind alles unsere Freunde. Basta !" Was tun ?

B Die Parabel der dankbaren Ehrenwort-Politiker

Der eine hilft bei großen internationalen Problemlösungen, der andere beim Aufbau des Landes. Aufgrund vieler bürgerkriegsbedingten Inte-ressenlagen kommt nur 1/3 dieser Hilfe in Form einer Zuckerlieferung als Lebensmittelhilfe tatsächlich an. Diese „Hilfe" soll 30 Mill. DM betragen haben? Der Rest geteilt ? `

C Diese Parabel (allg. Art) steht aus Platzgründen auf **Seite 68**)

2. Die zukunftsfähige Gesellschaft

Offensichtlich ist die Gesellschaft zum Umdenken bereit, denn auch in großen Publikumszeitschriften (H.-U. Jörges, in: Stern 34/2007, S. 50) wird der Ruf nach echten Reformen laut („Der deutsche Sündenfall") und sogar von Mahatma Gandhi bereits 1927 genannten „sieben soziale Sünden" zitiert:

    1. Politik ohne Prinzipien
    2. Reichtum ohne Arbeit
    3. Genuss ohne Gewissen
    4. Wissen ohne Charakter
    5. Geschäft ohne Moral
    6. Forschung ohne Menschlichkeit
    7. Anbetung ohne Opfer

Die Probleme können nicht länger „ausgesessen" werden, wir brauchen nicht noch mehr Spezialisten (Steuerfachleute, Juristen, Verwalter) der „Verteilung" des bereits erwirtschafteten Geldes", sondern mehr kreative und produktive Arbeitnehmer und Unternehmer, die das Volkseinkommen real erhöhen und gleichzeitig bei Schonung der Umwelt und Ressourcen zu einer Arbeitszeitverkürzung führen.

Die Ratifizierung des Artikel 4 der Konvention zum Schutz der Menschenrechte und Grundfreiheiten irgendwann zwischen 2001 und 2002 vom Deutschen Bundestag bedeutet nun (endlich) den Verbot von Sklaverei.

Bei zusätzlicher Beachtung des Grundgesetzes, Artikel 1: „Die Würde des Menschen ist unantastbar" , bedingt das Sklavereiverbot nun auch Löhne oberhalb der Sozialhilfe, die jeder erzielen muss, wenn dieser 40 h /Woche arbeitet.

> *Ein gesetzliche Mindestlohn - weit oberhalb von Hartz IV - der jeder Person zustehen muss, ist unabdingbar.*

Eine Orientierung/Koppelung am einem leistungsfreien Einkommen durch Alimentation, z.B. höchste Besoldungsgrundlage für Beamte, wäre ein Einkommensabstand (s. SPALG) , z.B. von 1: 12,5 für Hartz IV bzw. von 1:10 für den Mindestlohn, wäre gesetzlich angezeigt.

Weder Arbeit noch andere Einkommensarten sollten in 5 Jahren einen Vermögensmillionär erzeugen können, einen Einkommensmillionär sollte es nicht geben.

Was will ein Mensch mit einem derartigen Einkommen, außer Machtausübung (s. VOWIG)?

Nur eine zusammeneinsetzende Reform mit unterschiedlichen Umsetzungs- und Ergebniszeiten kann das derzeitige demokratische Gesellschaftssystem zukunftsfähig machen.

Zukunftsfähigkeit heißt:

- Chancengleichheit
- Schrumpfung der Konzerne und Handelsketten
- Vergrößerung von Genossenschaften
- Totale gesellschaftliche Durchlässigkeit
- größere Liberalisierung auch im Zusammenleben
- Totale Emanzipation der Frau **und** des Mannes
- Wegfall des Leistungszwanges und Versorgungsdruckes
- Mehr Lebensfreude
- Größeres Interesse an allgemeinen gesellschaftlichen Aktivitäten
- Leistungsträger (Unternehmer, Richter, Lehrer, Anwälte, Handwerker, Ärzte, Ingenieure, Künstler, Sportler) werden nicht mehr beneidet, sondern zu hoch geachteten Personen

Anmerkungen

Zukunftsfähigkeit heißt aber auch sich geschichtsbewusst mit der Vergangenheit, insbesondere mit der jüngeren, auseinander zu setzen.

Noch eine Parabel (A + B auf Seite 72), die Sie selbst zuordnen können, der Fantasie ist keine Grenze gesetzt.

C Die Parabel der ungleichen Brüder

Die Zwei gutsituierte Brüder haben – sicherlich wegen ungünstiger Bedingungen – gemeinschaftlich viel „Mist gebaut" und landen beide in unterschiedlichen Gefängnissen.

Der eine wird nach 3 Jahren mit etwas Demontage seines Besitzes (Eigentümer waren beide Brüder) als Schadenersatz, aus dem Gefängnis entlassen und bekommt 30.000 € Darlehen zur Rehabilitierung.

Er kann neues Werkzeug kaufen und auf eigene Rechnung arbeiten.

Nach 35 Jahren ist er einer der reichsten Männer der Welt.

Beim anderen Bruder wird 10 Jahre lang dessen Besitz (Eigentümer waren beide Brüder) demontiert, bekommt Freigang, muss jedoch die Arbeitserträge weitestgehend abliefern.

Nach weiteren 35 Jahren wird er ohne Vermögen freigelassen.

Welche Rechte hat er gegenüber seinem Bruder?

Welche juristische Pflicht, von familiären und/oder moralischen Verpflichtung abgesehen, hat nun der „Erstentlassene", insbesondere, da beide Eigentümer von allen Besitzungen waren ?

3. Ergebnis: Ein neuer Generationenvertrag:

Das Ergebnis bei der Umsetzung von „JuRiG" und „KaRiG" wird nur eine Umverteilung von Arbeit im Sinne von Arbeitszeitverkürzung sein können.

> *Abkehr von der Arbeit bei der „Geld-Umverteilung", hin zu mehr produktiver und kreativer Arbeit.*

Die Umsetzung von „StAbi" wird wirkliche Mitbestimmung und Mitbeteiligungen an Unternehmen als Teil des Arbeitslohnes mit hochmotivierten und hochqualifizierten Mitarbeitern zur Folge haben und entsprechen sicherlich der Intention der meisten Unternehmer, die ein Weiterbestehen ihres Unternehmens „in den besten Händen" wünschen.

Das Ergebnis für das Einkommen als Arbeitnehmer und haftendem Einzelunternehmers allein bei der

Umsetzung von „SCHarm" und „StAG-Tax":

Ein Beispiel, weches für viele Branchen mit **personalintensiven Kleinbetrieben** zutrifft.

Vergleich (ohne Urlaubskosten etc)	Derzeitig		mit "SCHarm"		mit "SCHarm" und "StAG"-Tax	
Brutto-Umsatz		12.000,00		12.000,00		12.000,00
Mw-Steuer	19%	-1.915,97	19%	-1.915,97	5%	-571,43
nicht verrechenbare Umsatzsteuer					20%	-2.400,00
Fix-Kosten (Mieten, etc)		-1.000,00		-1.000,00		-1.000,00
Materialeinsatz vom Umsatz	10%	-1.200,00	10%	-1.200,00	10%	-1.200,00
MwSt-Erstattung	19%	351,26	19%	351,26	5%	104,76
Kosten - AfA		-500,00		-500,00		
Arbeitgeber - "Scharm-Satz"			5%	-600,00	5%	-600,00
Überschuss ohne Pers.-Kosten		7.735,29		7.135,29		6.333,33
Brutto-Pers.-Gehälter von		-5.000,00		-3.600,00		-3.600,00
Arbeitgeber - Soziallasten	23%	-1.150,00	2%	-72,00	2%	-72,00
Arbeitnehmer-Anteil zur SV	21%	-1.050,00	5%	-180,00	5%	-180,00
Mitarbeiter Lohnsteuer	25%	-1.250,00	20%	-720,00	20%	-720,00
Personal-Nettozahlung		-2.700,00		-2.700,00		-2.700,00
Gesamtpersonal-Kosten		-6.150,00		-3.672,00		-3.672,00
Zu verst. Überschuss in €		1.585,29		3.463,29		2.661,33
Unternehmer Ek-Steuer	25%	-396,32	30%	-1.038,99	0%	
AfA - Hinzu		500,00		500,00		
Überschuss in €		1.688,97		2.924,31		2.661,33
Abgabe vom Umsatz		-8.111,03		-6.875,69		-6.638,67
Staatsquote vom Umsatz		67,6%		57,3%		55,3%
Zuschläge auf Netto-Löhne		3.450,00		972,00		972,00
Staatsquote auf Netto-Löhne		127,8%		36,0%		36,0%

- Das Verhältnis von motivierenden Netto-Löhnen zu unternehmerisch belastenden Gesamt-Personalkosten, zuzüglich 25 % Personal –Verwaltungskosten und 25 % sonstigen Personalnebenkosten verändert sich von

- ➤ derzeitig **1 : 3,4**
- ➤ bei der Umsetzung nur von SCHarm auf **1 : 2,0**
- ➤ und bei reiner Zusatzarbeit (Auslastung) **1 : 1,4**
- Dieses bedeutet, dass von einem Normal-Haushalt nicht mehr fast **vier Stunden** gearbeitet werden muss, um eine „normale" Dienstleistungsstunde zu bezahlen, sondern nur noch **zwei Stunden,** wobei bei Nichtberücksichtigung der Pers.- Zusatzkosten im Falle von „zwingender Arbeitsauslastung" **seitens des Unternehmens** auch **nur 1,4 h möglich** sind.
- Der Arbeitszeitgewinn lässt sich nur erahnen. Er entsteht, wenn
  - ➤ **nun nicht mehr Belege fürs Finanzamt** oder die Sozialversicherungsträger zu sammeln sind,
  - ➤ **nun nicht mehr über deren Begründung** (Lohn, Betriebs- oder Privatausgabe, steuerliche und sozialversicherungsrechtliche Besonderheiten) nachzudenken ist und
  - ➤ **nun nicht mehr voller Selbstzweifel** kontrolliert werden muss, ob nicht irgendeine von 20.000 Vorschriften missachtet wurde (Steuerhinterziehung, Veruntreuung von Sozialversicherungsbeiträgen, etc.).
- Wenn aus Wettbewerbsgründen der persönlich haftende Unternehmer lediglich nur den **gleichen Überschuss** erwirtschaften kann oder will, bzw. öffentliche Einrichtungen (Kranken- und Pflegedienste, Kindertagesstätten und –gärten, etc) keine weiteren Überschüsse bzw. Rücklagen erwirtschaften wollen, führt dieses zu einer **Preissenkung** dieser Dienstleistungen um ca. 21 % oder zu einer möglichen Steigerung der Personalkosten um ca. 50 % durch **höhere Gehälter**, besser durch Neueinstellungen oder einem „Mix aus Allem".
- Bei der Umsetzung von „SCHarm" nach Abgleich mit Brutto-Tariflöhnen bei gleichen Netto-Löhnen ist auch eine entsprechende Reduzierung der sog. Stunden - Verrechnungssätze von 150- 250 % auf ca. 63,5 % möglich.
- Niemand wird nun für 20 oder 30 % Preisnachlass bei einer Unternehmerleistung auf eine Rechnung und somit auf Garantieleistungen verzichten.
- Kein Unternehmer wird wegen 10–20 % finanziellen Vorteil, statt bisher 130 %, die Risiken einer klassischen Steuerhinterziehung auf sich nehmen.
- Erst nach der parallelen Umsetzung dieser Einzelreformen können auch andere gesellschaftliche Probleme, wie persönliches Grundeinkommen für Jedermann (ob „bedingungslos" oder „unter Bedingungen") und /oder auch persönliche Beteiligungen an den persönlichen Krankheitskosten sein.

Die Gesellschaft wird beispielsweise erst zukunftsfähig, wenn sie
- die Volkswirtschaft als System versteht
- den **Menschen**, nicht das Kapital in den Mittelpunkt stellt (demokratischer Sozialismus statt „Kasino"- Kapitalismus)
- mit einem starken Staat, auf dem Boden des Grundgesetzes,
- mit einer sachgerechter Sanktionierung von Gesetzesverstößen und
- mit **marktwirtschaftlichen** Mitteln (z. B. Steuerprogression),

z.b. die Managergehälter (50 *) x Mindestlohn) begrenzt, denn die Masse der kleinen Kapitaleigner (Aktionäre) wird dann höhere Dividende bevorzugen, die nun nur der persönlichen Quellensteuer bzw. Progression (Ziel: 50 *) x Mindestlohn) unterliegen).

*) s. „SPALG"-System im Sonderdruck „VOWIG".

Notwendige, sinnvolle **Schritte** zur Erreichung der angestrebten Einzelreformen:

Zeitlicher Ablauf	4 Jahre	10 Jahre	2 Jahre	2 Jahre	4 Jahre
Art der Reform	Soziallasten Verteilung **"SCHarm"**	Bildung **"StAbi"**	Prozess- Kosten **"JuRiG"**	Kapital-Gesell- schaftsrecht **"KaRiG"**	Steuerrecht **„StAG"- Tax"**

Nach inhaltlicher Umsetzung von „SCHarm", „Stabi", „JuRiG", „Ka-RiG" oder wie diese dann namentlich benannt werden und auch anderer Reformen, könnte als **Endstufe** ein **neuer Gesellschaftsvertrag** stehen.

Das Vererben von Vermögenswerten (Erbschaft) wird nicht mehr notwendig sein *), da die Gesellschaft für die lebenslange Aus- und Weiterbildung und auch für die Alterssicherung sorgen wird.

*) Sie haben richtig gelesen: Dann könnte die Erbschaftsteuer stark angehoben werden, ob 100 % sinnvoll sein können, wird die Entwicklung und Umsetzung der Reformen zeigen.
Wo liegt der Sinn wenn 50-60-Jährige nun 80-Jährige beerben?

Nach Berücksichtigung von existenziellen Freibeträgen in 1. Erbfolge (in Höhe des üblichen hälftigen Anteils an einem Einfamilienhaus für den Ehepartner), wird die durch Verkauf an Mitarbeiter oder Einzelunternehmern realisierte Summe an die Sozialkassen für Kinder- und Ausbildungsfinanzierung eingezahlt.

Achtung:
Nicht erarbeiteter Reichtum gefährdet Ihre Gesundheit

Nicht selbst erarbeitete Vermögenswerte verändern den Charakter, sind motivationsmindernd und somit leistungsfeindlich und **verhindern die Befriedigung von sozialen Bedürfnissen** .

Nachtrag des Autors zum Buch

Ihnen, liebe(r) Leser(in), sind zu viele neue Begriffe aufgetaucht oder die Ursachen und Zusammenhänge blieben unklar oder missverständlich, so empfehle ich Ihnen zumindest den Sonderdruck (ebenfalls kostengünstig), "**VOWIG**" vorher zu lesen.

    „**Volkswirtschaft als Instrument der Gesellschaftskritik**",
unter ISBN **978-383-70 587-89** zum Preis von z.Z. **5,00 €**

Dort werden in allgemein verständlicher Form komplizierter Einzelaspekte der Volkswirtschaft erklärt und Zusammenhänge nachvollziehbar hergestellt und ein Modell zur Lohngerechtigkeit, das **„SPALG"-System** vorgestellt.

Interessiert Sie lediglich noch ein anderes Problemfeld zu den eingangs gestellten **Fragen**:

b) Ausbildung (Schul- und Studiensystem)

    Frage: Warum ist heute ein/e familiengründungsfähige/r und wahlberechtigte/r 18-20 jährige/r Mann bzw. Frau nicht in der Lage sich selbst, geschweige denn seine/ihre „neue" Familie zu ernähren ?

Im Sonderdruck: Das „StAbi"-Modell statt Abi

unter **ISBN 978-3-8370-2437-1** zum Preis von z.Z. **6,90 €**

wird die unter b) gestellte, meiner Meinung nach wichtigste Frage in unserer Gesellschaft, die Ausbildung unter dem Gesichtspunkt **„Lebenslanges Lernen"** aufgearbeitet und auch ein Lösung. Das **„StAbi"** –Modell vorgestellt

c) Gerichtsabläufe (Prozessdauer) und Kostenverteilung

Frage: Warum wird jedes „Sich –Wehren" zu einem wirtschaftlichen Harakiri ?

Frage: Warum muss –neben den Bürgerpflichten –ein Unternehmer zusätzlich bei Streitigkeiten zwischen Bürger und der Exekutive immer unentgeltlich für Verwaltungsauflagen bezahlen, egal ob diese Auflagen / Anordnungen / Zahlbescheide zu Recht oder Unrecht ergangen sind ?

d) Kapital -/ Überschuss-Zweckentfremdung.

Frage: Wodurch soll es gerechtfertigt sein, das erzielte Gewinne an den tatsächlichen Kapitalbesitzern vorbei in Risikogeschäfte oder sogar in Konkurrenzunternehmen fließen?

Frage: Verdienen die Vorstände nicht genug, um mit „eigenem Geld" neue, risikobehaftete Geschäftsideen zu verfolgen ?

e) Steuerrecht

Frage: Ist eine neue „Moral" gefragt oder genügt der Hinweis, dass Fehlbeträge des Staates doch nur bei den „Kleinen" wieder einkassiert werden, die zwar 30 € illegal dem Staat vorenthalten haben und nun dafür 100 € höhere steuern Zahlen müssen?

Jeder weiß / macht / billigt es, das „Kavaliersdelikt: Steuerhinterziehung", das letztendlich nur den „Grossen" etwas bringt.

Im Sonderdruck „Risikogerechtigkeit"

unter ISBN **978-3-8370-2436-4** zum Preis von z.Z. **9,90 €**

wird auch Rechtsuchende Streitern, Unternehmern und Kapitalbesitzern die Lanze gebrochen.

Es sind keine vaterlandslosen Egoisten, sondern auch „das Volk", dass von dieser Gesellschaft erwarten, dass das „getragene Risiko der wirtschaftlichen Existenzvernichtung" gerecht honoriert, jedoch zumindest durch gesetzliche Rahmenbedingungen, die gerecht und sozial sind, minimiert wird.

Es werden die unter c) und d) gestellten Fragen verdeutlicht, die als Problem scheinbar nicht so wichtig sind, weil immer nur „Einzelne" davon betroffen sind und die

Lösungsmodelle: „JuRiG" und „KaRiG"
vorgestellt, sowie zu den unter
e) gestellten Fragen wird nicht moralisiert, sondern die entstandene Unvermeidbarkeit von „Steuerverkürzungen" gegeißelt und
an die „Bierdeckel" Steuererklärung „Flat-Tax" erinnert, jedoch
ein anderes, gerechteres und einfaches Modell gewählt, das
„StAG"-Tax -Modell.

Konnte mit diesem kostengünstigen Sonderdruck Ihr Interesse an
der Gesamtproblematik geweckt werden, empfehle ich Ihnen die
Gesamtausgabe dieser Buchreihe unter dem Titel:
„Das Mandarin(en) – Syndrom"
unter **ISBN 978-3-8370-1306-1** zum Preis von z.Z. **19,90 €**
Diesen Sonderdruck - weil in der Gesamtausgabe enthalten - können
Sie ja im Freundes- bzw. Bekanntenkreis weiterverschenken.

Literatur-Verzeichnis:

Anmerkung: Es ergibt keinen Sinn hier die Literatur aufzuzählen, die in den letzten 50 Jahren in irgendeiner Weise zur Gedankenfindung beigetragen hat; dementsprechend erfolgt nur die Benennung der Literatur, die mich in letzter Zeit beeindruckt hat und die ich teilweise verinnerlicht habe, sowie dem Leser die Möglichkeit eröffnen soll, gleiches zu erfahren.

1. Borchert, Jürgen:, Richter am Hessischen Landessozialgericht, in: Kölner Stadtanzeiger vom 6.3.07

2. Fromm, Erich: „Haben oder Sein", DTV 2000, ISBN 3-423-36103-4

3. Icke, David: „Alice im Wunderland und das World Trade Center Desaster", Mosqito Verlag, Potsdam 2005, ISBN 3-928-96311-2

4. Institut der Deutschen Wirtschaft , „Deutschland in Zahlen", Köln, Ausgabe: 2004

5. Moore, Michael: "Stupid white men", Piper Verlag GmbH, München 2002, ISBN 3-492-0417-0

6. Miegel, Meinhard: Die deformierte Gesellschaft, Propyläen Verlag, 10. Auflage 2002 by Ullstein, München, ISBN 3-549-07154-x

7. Nägele, Frank: Kölner Stadtanzeiger, Ausgabe vom 25.10.04, Seite C4

8. John Rawl: „Gerechtigkeit als Fairneß"; Suhrkamp Verlag 2003; aus dem amerikanischen übersetzt: „Justice as Fairness; 2001

9. Steingart, Gabor: Abstieg eines Superstars, Piper Verlag 2004 ISBN 3492046150

Stichwortverzeichnis